C'EST PARTI!
—2ème édition—

さあ、フランス語をはじめよう！

Ritsuko Uezu
Atsuko Miyazato
Go Kinjo

Tréfle Publishing

TréFLE Publishing（トレフル出版）の TréFLE は Trésors du FLE を短く表したものです。
良質なフランス語教材を世に送り出していきたいという気持ちをこめてつけられました。

● はじめに ●

　最近、年度の最初の授業でフランス語の授業を受講する学生にアンケート行うと、受講した理由として、

　「自分自身では将来フランス語を特に使うことはないと思うんだけど、卒業するには何か必ず英語以外の外国語の単位を取らなきゃいけなくって…」

　「本当は韓国語か中国語の授業を取りたかったんだけど、どちらも抽選で落ちてしまったので、空いていたフランス語の授業を仕方なく…」

　という声を多く聞くようになりました。

　実際、私たちが勤務する大学ではフランス語を必須科目とする専門学科がありません。もともとフランス語やフランスの文化に興味を抱いていない学生にとっては、学ぶための必然性が見出しにくい言語になっているのは確かです。そこで作成したのが「フランス語に関わる専門の学科がない大学」の「フランス語に興味がない学生が多く受講する授業」で、学生に「フランス語に興味を持ってもらうこと」、「フランス語のエッセンスを伝えること」、そして「フランスの文化にふれてもらうこと」を目的とする本書です。

　まず、本書は週2回で1年間実施される授業カリキュラムに対応しています。そして、フランス語で行われる基本的なコミュケーションの場面を取り上げて1つの課 Leçon にしています。また、1つの課は見開き4ページで次のように構成されています。

1ページ目：フランスの行事や食事など、フランスの文化を紹介する「コラム」Colonne
　　　　　　※年度の始まりを4月として4月から翌年3月までそれぞれの課 Leçon を学ぶ時期に合わせて行事などを紹介しています。

2ページ目：取り上げたフランス語のコミュニケーションの場面で使うことができる基本的な「語彙」Vocabulaire や「動詞の活用」の紹介
　　　　　　※語彙をイメージしやすいようにイラストをできるだけ活用しています。

3ページ目：「会話」Dialogue とそれに必要なフランス語の「文の仕組み」Point と「文法」Grammaire、「会話のコツ」の紹介
　　　　　　※語彙を覚えることで紹介した会話表現を応用していけるように「文の仕組み」を説明しています。また、日常会話でよく使われるちょとした表現も「会話のコツ」として取り上げています。

4ページ目：「語彙」の発音や「文の仕組み」を確認するための練習問題
　　　　　　※教科書で紹介している語彙を用いて「語彙」や「文の仕組み」についての理解度を確認します。

　実は、この教科書の作成を進めている最中、世界全体が新型コロナウイルスの猛威に襲われました。そのコロナ禍の下、オンライン授業が急速に広がり、結果的に現在も将来においてもオンライン授業は必要不可欠なものとなりました。その授業形態に対応するために、本書は本として手元におけるものであると同時にインターネットでもアクセスできるハイブリッド型の教科書にしました。音声に関してもインターネットからダウンロードできます。

　最後に、本書のコンセプトに共感を抱いて作成を提案していただき、作成中もさまざまなアドバイスをしながら、伝わりやすく魅力的に感じられる紙面づくりに尽力していただいた編集者の山田仁さんに心から感謝いたします。

　本書とともにフランス語を学ぶことで一人でも多くの学生がフランス語とフランス文化、ひいては、フランスおよびフランス文化圏に興味を抱いてくれるよう願っています。

著者一同

Sommaire du livre 目次

	P.	文化	語彙	表現	文法
Introduction	6	・フランスについて ・フランスに関する情報 ・フランスの地図 ・フランコフォニー			
Initiation 1	10		・アルファベ／ABCの歌 ・綴り字記号／綴り字の読み方		
Initiation 2	12		・日常の挨拶／基本の挨拶 ／さまざまな挨拶 ・時を表す表現		
Leçon 1 あなたは日本人 ですか？	14	BD, Bande dessinée （漫画）	・国籍を表す単語 ・職業を表す単語	Je suis japonais (étudiant).	・主語人称代名詞 ・動詞 être
Leçon 2 何歳ですか？	18	Sports （スポーツ）	・数字（0～29） ・動詞 avoir を使った表現	J'ai 19 ans.	・動詞 avoir ・否定文の作り方
Leçon 3 フランス語を 話しますか？	22	Repas régionaux （郷土食）	・言語を表す単語 ・場所を表す表現	Je parle français.	・第一群規則動詞 （-er 動詞） ・動詞 parler, habiter
Leçon 4 スポーツが好き？	26	Baccalauréat （バカロレア）	・スポーツ、芸術、動物、 自然 ・動詞 aimer, adorer, détester, préférer	J'aime le sport.	・疑問文の作り方
Leçon 5 これは何ですか？	30	Fête de la musique （音楽の日）	・身の回りの物の名前	C'est un cahier.	・不定冠詞 ・疑問代名詞
Leçon 6 これはトマの ズボンです。	34	Tour de France （ツール・ド・フランス）	・衣類	C'est le pantalon de Thomas.	・定冠詞 ・指示形容詞
Leçon 7 ユゴーって、 どんな人？	38	Le 14 juillet （革命記念日）	・人の外観を表す形容詞 ・人の性格や状態を表す 形容詞	Il est grand.	・形容詞① （動詞 être の後ろに くる場合）
Leçon 8 彼は黒いカバンを 持っています。	42	Vacances （ヴァカンス）	・色を表す形容詞 ・髪や目の色を表す場合 ・体の部位	Il a un sac noir.	・形容詞② （名詞につく場合）

		文化	語彙	表現	文法
Leçon 9 何人家族ですか？	46	Famille （家族制度）	・家族	Vous êtes combien dans ta famille ?	・所有形容詞
Leçon 10 毎朝パンを食べます。	50	Repas quotidiens （日常の食事）	・食品の名前 ・動詞 manger, boire, prendre	Je mange du pain.	・部分冠詞
Leçon 11 どこに行くの？	54	Cinéma （映画）	・場所の名前① ・動詞 aller ・交通手段を表す表現	Je vais à la bibliothèque.	・「〜へ、に」を表す言い方
Leçon 12 どこから来たの？	58	Religion （宗教）	・場所の名前② ・動詞 venir ・Il y a... の表現	Je viens du Japon.	・「〜から」を表す言い方
Leçon 13 何時ですか？	62	Noël et Nouvel An （クリスマスとお正月）	・数字（39〜69） ・時間の言い方 ・第二群規則動詞（-ir 動詞） ・動詞 finir	Il est onze heures.	・疑問形容詞
Leçon 14 天気はどうですか？	66	Épiphanie （公現祭）	・天候を表す表現	Il fait mauvais.	・非人称構文 ・動詞 faire
Leçon 15 郵便局はどこですか？	70	Chandeleur （ろうそくの祭）	・道をたずねるときの表現 ・序数	Allez tout droit.	・命令法
Leçon 16 週末の予定は？	74	Carnaval de Nice / Pâques （ニースのカーニバル／復活祭）	・行動を表す表現 ・未来や過去を表す時の表現	Je vais aller à Nice. Je viens de rentrer de Nice.	・近接未来 ・近接過去

● Lecture L3 〜 L16 ⋯⋯⋯⋯⋯⋯⋯⋯⋯⋯⋯⋯⋯⋯⋯ 78

●補遺　文法 ⋯⋯⋯⋯⋯⋯⋯⋯⋯⋯⋯⋯⋯⋯⋯⋯⋯⋯⋯⋯⋯ 82
　　　　数字 ⋯⋯⋯⋯⋯⋯⋯⋯⋯⋯⋯⋯⋯⋯⋯⋯⋯⋯⋯⋯⋯ 83
　　　　国名 ⋯⋯⋯⋯⋯⋯⋯⋯⋯⋯⋯⋯⋯⋯⋯⋯⋯⋯⋯⋯⋯ 83
　　　　前置詞 ⋯⋯⋯⋯⋯⋯⋯⋯⋯⋯⋯⋯⋯⋯⋯⋯⋯⋯⋯⋯ 84

●付録　フランス人の名前 ⋯⋯⋯⋯⋯⋯⋯⋯⋯⋯⋯⋯⋯⋯⋯ 85
　　　　聖人カレンダー ⋯⋯⋯⋯⋯⋯⋯⋯⋯⋯⋯⋯⋯⋯⋯⋯ 86
　　　　ヘボン式ローマ字 ⋯⋯⋯⋯⋯⋯⋯⋯⋯⋯⋯⋯⋯⋯⋯ 88
　　　　パソコンのフランス語入力設定 ⋯⋯⋯⋯⋯⋯⋯⋯⋯ 89
　　　　メールや手紙の書き方 ⋯⋯⋯⋯⋯⋯⋯⋯⋯⋯⋯⋯⋯ 91
　　　　教育制度 ⋯⋯⋯⋯⋯⋯⋯⋯⋯⋯⋯⋯⋯⋯⋯⋯⋯⋯⋯ 93

Introduction

● フランスについて確認してみよう！ ●

1 フランスの正式名称は何でしょう？

....

2 次の内フランスの国旗はどれでしょう？

a   b   c   d   e

3 フランスの首都はどこでしょう？

....

4 現在のフランスの大統領は誰でしょう？

....

5 フランスの総人口（海外領土を含む）はどのくらいでしょう？

  (1) 4700万人   (2) 6700万人   (3) 8700万人

6 フランスの面積（海外領土を含む）はどのくらいでしょう？（日本は37万8千㎢）

  (1) 55万㎢   (2) 65万㎢   (3) 75万㎢

7 フランスの気候の特徴のひとつはどれでしょう？

  (1) 海洋性   (2) ツンドラ性   (3) 亜熱帯性

8 フランス人が伝統的に信仰している宗教は何でしょう？

....

9 フランス全土を走る超高速列車を何と言うでしょう？

  (1) RER   (2) TGV   (3) SNCF

10 世界の言語の中でフランス語を話す人口の数は第何位でしょう？

  (1) 5位   (2) 10位   (3) 15位

11 次の内フランスの領土はどこでしょう？

(1) サイパン　　(2) グアム　　　　(3) タヒチ

12 フランス語を公用語とする国はどのくらいあるでしょう？

(1) 20　　　(2) 30　　　(3) 50

13 日本語でも使われている次のフランス語を読んでみましょう。

(1) éclair　　(2) parfait　　(3) croissant　　(4) foie gras　　(5) hors-d'œuvre

※各種データは在日フランス大使館HPより https://jp.ambafrance.org

・ フランスに関する情報を確認してみよう！ ・

● **国歌**：ラ・マルセイエーズ　La Marseillaise

● **通貨**：ユーロ　euro（€）　※補助通貨はサンティーム centime（100 centimes ＝ 1 euro）

● **時差**：日本との時差はマイナス8時間、サマータイム中はマイナス7時間

● **祝祭日**

1月1日	元日	Jour de l'an
5月1日	メーデー	Fête du travail
5月8日	第二次世界大戦終戦記念日	Victoire 1945
7月14日	革命記念日	Fête Nationale
8月15日	聖母被昇天祭	Assomption
11月1日	万聖節	Toussaint
11月11日	第一次世界大戦終戦記念日	Armistice 1918
12月25日	クリスマス	Noël

※ その他移動祝祭日として、復活祭 Pâques（3月22日〜4月25日）、翌日の月曜日（Lundi de Pâques）、キリスト昇天祭 Ascension（復活祭後40日目）があります。

7

● フランス地図

●地図で確認してみましょう。

主要都市：　　パリ Paris　　リヨン Lyon　　マルセイユ Marseille　　トゥールーズ Toulouse
　　　　　　　ナント Nantes　　ボルドー Bordeaux　　ニース Nice
　　　　　　　ストラスブール Strasbourg　　リール Lille

4大河川：　　ロワール川 Loire　　セーヌ川 Seine　　ローヌ川 Rhône　　ガロンヌ川 Garonne

山脈：　　　　アルプス山脈 Alpes　　ピレネー山脈 Pyrénées　　ジュラ山脈 Jura

海域：　　　　大西洋 Océan Atlantique　　地中海 Mer Méditerranée　　英仏海峡 Manche

主要世界遺産：モンサンミシェル　　パリのセーヌ河岸　　カルカソンヌの要塞
　　　　　　　アヴィニョン歴史地区　　ランスのノートルダム大聖堂

・フランコフォニーに関して情報を確認しよう！・

　フランコフォニーとは、フランス語を公用語にする国だけではなく、民主主義や人権などの普遍的な思想とフランス語を分かち合う、あらゆる文化圏、国、地域のことを示しています。その中心的な役割を担うフランコフォニー国際機関（OIF）は40年前に誕生し、現在までに54の加盟国と7の準加盟国、27のオブザーバー国が加盟しています。

●フランコフォニー国際機関に加盟している国

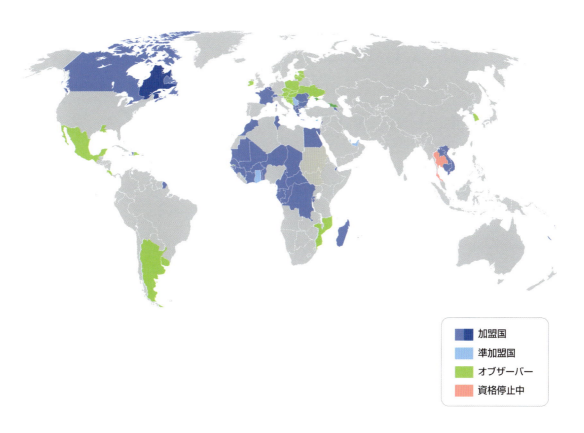

加盟国
準加盟国
オブザーバー
資格停止中

Initiation 1　フランス語はどんな言葉？

Alphabet　フランス語は26文字からできています。　

Aa	Bb	Cc	Dd	Ee	Ff	Gg	Hh	Ii
Jj	Kk	Ll	Mm	Nn	Oo	Pp	Qq	Rr
Ss	Tt	Uu	Vv	Ww	Xx	Yy	Zz	

※ただし、OとEがならぶとŒになります（合字）。

ABCの歌

La chanson de l'ALPHABET

A B C D E F G H I J K L M N O P
Q R S T U V W - X Y - Z
Main - te - nant je les con - nais toutes les lettres de l'a - lpha - bet.

www.trefle.press/parti

綴り字

綴り字記号

文字の上につく記号 🎧 002

アクサンテギュ	é	café
アクサングラーヴ	à è ù	système
アクサンシルコンフレクス	â ê î ô û	hôtel
トレマ	ë ï ü	Noël

文字の下につく記号

| セディーユ | ç | garçon |

そのほかの記号

| アポストロフ | | l'office |
| トレデュニオン | | week-end |

綴り字の読み方 🎧 003

綴り字	発音	
ai	「エ」	maison
au eau	「オ」	sauce beau
ou	強い「ウ」	soupe
eu	閉じた「ウ」	bleu
	開いた「ウ」	fleur
in ain	鼻にかかった「アン」	vin pain
oi	「ワ」	toi
ch	「シュ」	chance
h	読まない	hôpital
語末の e	読まない	vie
語末の子音	読まない	lait
※語末の c f l r	読むことが多い	sac actif miel bonjour

11

Initiation 2　お元気ですか？

日常の挨拶

出会ったとき　🎧 004

ていねいな挨拶　　　　　　　　親しい間柄での挨拶
Bonjour, Madame.　　　　　　Salut, Marie.
Bonjour, Monsieur.　　　　　　Salut, Jean.

別れるとき　🎧 005

ていねいな挨拶　　　　　　　　親しい間柄での挨拶
Au revoir, Mademoiselle.　　　Salut, Sophie.
Au revoir, Monsieur.　　　　　Salut, Alain.

様子などをたずねるとき　🎧 006

ていねいな挨拶　　　　　　　　親しい間柄での挨拶
Comment allez-vous ?　　　　Ça va ?
Je vais bien, merci. Et vous ?　Ça va bien, merci. Et toi ?
Très bien, merci.　　　　　　　Ça va bien, merci.

基本の挨拶　🎧 007

Bonjour	おはよう　こんにちは　はじめまして
Bonsoir	こんばんは　さようなら　おやすみなさい
Bonne nuit	おやすみなさい
Au revoir	さようなら
Monsieur	男性に対するていねいな呼びかけ
Madame	既婚の女性または職務についている女性に対するていねいな呼びかけ
Mademoiselle	未婚の女性に対するていねいな呼びかけ　※公的な文書では既に廃止
Salut	やあ　じゃあね
Oui	はい
Non	いいえ
Merci	ありがとう
Non merci	いいえ結構です
Pardon	ごめんなさい　もう一度言って下さい
Excusez-moi	すみません
Je vous en prie	どういたしまして（ていねいな言い方）
De rien	どういたしまして
Enchanté(e)	お会いできてうれしいです　はじめまして

www.trefle.press/parti

さまざまな挨拶 008

Bonne journée !	よい一日を！
Bonne soirée !	よい夕べを！
Bon week-end !	よい週末を！
Bonnes vacances !	よいヴァカンスを！
Bon voyage !	よい旅を！
Bon anniversaire !	お誕生日おめでとう！
Joyeux Noël !	メリークリスマス！
Bon courage !	がんばって！
Bonne chance !	幸運を祈ります！
Bon appétit !	たっぷり召し上がれ！
À votre santé !	乾杯！
À bientôt !	では近いうちに！
À tout à l'heure !	ではまた後で！
À demain !	では明日！
À lundi !	では月曜日！
À la semaine prochaine !	では来週！

時を表す表現

009

月

janvier	１月
février	２月
mars	３月
avril	４月
mai	５月
juin	６月
juillet	７月
août	８月
septembre	９月
octobre	１０月
novembre	１１月
décembre	１２月

010

曜日

lundi	月曜日
mardi	火曜日
mercredi	水曜日
jeudi	木曜日
vendredi	金曜日
samedi	土曜日
dimanche	日曜日

13

Leçon 1 あなたは日本人ですか？

Colonne

文化①

BD, Bande dessinée
［漫画］

　フランスで漫画はバンド・デシネ (bande dessinée)、略してベーデー BD と呼ばれています。1830年代に登場したフランス語圏の漫画は日本の絵本のように表紙が硬くて大きく絵がすべてカラーで描かれているのが特徴です。日本の漫画はマンガ (manga) として 1980 年代末にフランスで普及しました。2005 年にはベーデー全体の 30％を占めるなど、フランスの文化に根づいています。現在、フランスでベーデーは「第 9 の芸術」として評価されています。

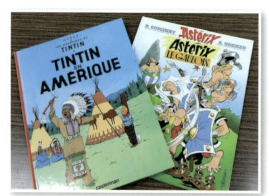

バンド・デシネ「BD」の紙面はフルカラー

書店の漫画棚の様子

「manga」を販売する書店のウインドウ

新刊もそれほど時間差なく販売されます

Vocabulaire

www.trefle.press/parti

♣ さまざまな国籍や職業を覚えましょう。

国籍を表す単語　🎧 011

	男性形	女性形		男性形	女性形
日本人	japonais	japonaise	ロシア人	russe	russe
中国人	chinois	chinoise	スイス人	suisse	suisse
フランス人	français	française	ベルギー人	belge	belge
イギリス人	anglais	anglaise	韓国人	coréen	coréenne
ドイツ人	allemand	allemande	イタリア人	italien	italienne
スペイン人	espagnol	espagnole	カナダ人	canadien	canadienne
アメリカ人	américain	américaine	ブラジル人	brésilien	brésilienne

Leçon 1

職業を表す単語　🎧 012

étudiant / étudiante

cuisinier / cuisinière

acteur / actrice

employé / employée

pâtissier / pâtissière

professeur

fonctionnaire / fonctionnaire

chanteur / chanteuse

médecin

infirmier / infirmière

15

Dialogue 1

Léa : Vous vous appelez comment ?
Taro : Je m'appelle Taro SUZUKI.
Léa : Vous êtes japonais ?
Taro : Oui, je suis japonais. Je suis étudiant.

Point 🎧 014

国籍や職業を語る場合は…

私は日本人です。
Je suis japonais.

私は学生です。
Je suis étudiant.

文の仕組みを確認しましょう。

Je　　　　suis　　　japonais (étudiant).
私は　　　〜です　　　日本人（学生）

主語人称代名詞 ＋ 動詞 être ＋ 国籍あるいは職業．

Grammaire ✏️

主語人称代名詞（〜は） 🎧 015

	単数		複数	
1人称	私は	je	私たちは	nous
2人称	君は	tu	君たちは	vous
	あなたは	vous	あなたたちは	vous
3人称	彼は・それは	il	彼らは・それらは	ils
	彼女は・それは	elle	彼女たちは・それらは	elles

＊**tu** は親しい人に対して使い、**vous** は目上の人や初対面の人に対して使います。

＊**on** は日常会話でおもに **nous** の代わりとして使います。

動詞 être（〜です、〜がいます・〜があります）の活用 🎧 016

フランス語の動詞は主語に合わせて変化します。主語人称代名詞と一緒に覚えましょう。

je	suis	nous	sommes
tu	es	vous	êtes
il	est	ils	sont
elle	est	elles	sont

＊母音で始まる単語は、前の単語と音がつながるので注意して下さい。
発音されない語末の子音字が後ろの母音とつながることをリエゾンと言います。vous‿êtes
発音される語末の子音字が後ろの母音とつながることをアンシェヌマンと言います。il‿est

会話の コツ

名前についての会話はそのまま覚えましょう。 🎧 017

● あなたの名前は何ですか？
　Vous vous appelez comment ? / Comment vous appelez-vous ?

● 君の名前は何？
　Tu t'appelles comment ? / Comment t'appelles-tu ?

● 私の名前は〜です。
　Je m'appelle ＋ 名前 姓．

＊フランスでは、一般的に、姓（苗字）はすべて大文字で書きます。
例：私の名前は鈴木太郎です。
　　Je m'appelle Taro SUZUKI.

Exercices ✈

1 聞こえてきた文に合う絵を次の a、b のなかから選びましょう。 🎧 018

❶ a.   b.

答え（   ）

❷ a.   b.

答え（   ）

Leçon
1

❸ a.   b.

答え（   ）

2 次の（   ）に適切な語を入れて「〜です」という表現を完成させましょう。

❶ 主語人称代名詞

① 私は日本人です。   （   ） suis japonais.

② 彼らは学生です。   （   ） sont étuidiants.

③ あなたたちは歌手です。   （   ） êtes chanteurs.

❷ 動詞 être の活用

① 彼女はフランス人です。   Elle （   ） française.

② 私たちは公務員です。   Nous （   ） fonctionnaires.

③ 君は中国人です。   Tu （   ） chinois.

3 次の国籍や職業を男性形・男性名詞と女性形・女性名詞に分けて発音しましょう。

cuisinière   japonaise   américain   médecin   actrice

4 次の文をフランス語で書きましょう。

❶ 彼はドイツ人です。

....

❷ あなたは先生です。

....

Leçon 2 何歳ですか？

Colonne

スポーツ①

Sports
[スポーツ]

　サッカーはフランスで最も人気のスポーツです。2018年のワールドカップでフランスは2度目の優勝を果たしました。リーグアン（フランストップリーグ）はヨーロッパでも最高峰のリーグの一つです。またフランスではテニスの4大大会の一つ、全仏オープン（ローランギャロス）が行われ、世界中のトッププレーヤーが集結します。日本の柔道や空手も人気で、子どもたちが学校のない日には胴着を来て稽古に通う姿がよく見かけられます。

フランスの柔道の大会

サッカーフランス代表

全仏オープン（ローランギャロス）

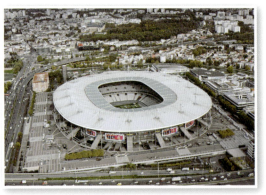

パリ郊外にある Stade de France

Vocabulaire

www.trefle.press/parti

♣ 0〜29 までの数字を覚えましょう。 🎧 019

0	zéro		6	six	
1	un/une		7	sept	
2	deux		8	huit	
3	trois		9	neuf	
4	quatre		10	dix	
5	cinq				

11 onze   21 vingt et un/une
12 douze   22 vingt-deux
13 treize   23 vingt-trois
14 quatorze   24 vingt-quatre
15 quinze   25 vingt-cinq
16 seize   26 vingt-six
17 dix-sept   27 vingt-sept
18 dix-huit   28 vingt-huit
19 dix-neuf   29 vingt-neuf
20 vingt

Leçon 2

♣ 動詞 avoir を使ったさまざまな表現を覚えましょう。 🎧 020

私は暑いです。	私は寒いです。	私はお腹がすいています。	私はのどが渇いています。	私は眠いです。
J'ai chaud.	J'ai froid.	J'ai faim.	J'ai soif.	J'ai sommeil.

あなたは正しいです。
Vous avez raison.

あなたは間違っています。
Vous avez tort.

◆ **avoir** を使った表現 🎧 021

〜は〜のように見えます。
　あなたは若く見えます。

〜は〜が痛いです。
　私は頭が痛いです。
　私はお腹が痛いです。
　私は歯が痛いです。

〜は〜が必要です。
　私はジャンが必要です。

〜は〜と会う約束があります。
　私はマリーと会う約束があります。

〜は〜が怖いです。
　私はニコラが怖いです。

主語 + **avoir l'air** + 形容詞　※形容詞は Leçon 5 参照
　Vous avez l'air jeune.

主語 + **avoir mal à** + 体の部位
　J'ai mal à la tête.
　J'ai mal au ventre.
　J'ai mal aux dents.

主語 + **avoir besoin de** + もの・こと・人
　J'ai besoin de Jean.

主語 + **avoir rendez-vous avec** + 人
　J'ai rendez-vous avec Marie.

主語 + **avoir peur de** + もの・こと・人
　J'ai peur de Nicolas.

Dialogue 2

Kana : Vous avez quel âge ?
Théo : J'ai 19 ans. Et vous ? Vous avez 20 ans ?
Kana : Non, je n'ai pas 20 ans. J'ai 25 ans.
Théo : Ah, bon ? Vous avez l'air jeune.

*Et vous ?「それであなたは？」、Ah, bon ?「ああ、そう？」

Point

年齢についてたずねられたら…

あなたは何歳ですか？
Vous avez quel âge ?

私は 19 歳です。
J'ai 19 ans.

文の仕組みを確認しましょう。

J'	ai	19 ans.
私は	～です（持っています）。	19歳（19年を）
主語人称代名詞	＋ 動詞 avoir ＋	数字 ＋ an(s)

Grammaire

動詞 avoir（～を持っています）の活用

j'	ai	nous	avons
tu	as	vous	avez
il	a	ils	ont
elle	a	elles	ont

＊日常よく使われる短い単語のうち、je, ne, ce, le, la, de, que などの特定の単語は、後ろに母音（または無音のh）で始まる単語がくると、合体（エリジオン）します。

　　je ai → j'ai

否定文の作り方（「～ではありません」という意味の文）

動詞を ne と pas ではさみます。

文の仕組み 主語 ＋ **ne** ＋動詞＋ **pas** ～．

　　　　Je suis japonais.　→　Je **ne** suis **pas** japonais.

＊ただし、動詞が母音（または無音のh）で始まる場合、neはエリジオンします。
　　Vous avez 20 ans.　→　Vous **n'**avez **pas** 20 ans.

＊無音のhについてはLeçon 6を参照

会話のコツ

年齢をたずねる表現はそのまま覚えましょう。

● あなたは何歳ですか？
　　Vous avez quel âge ? / Quel âge avez-vous ?
● 君は何歳？
　　Tu as quel âge ? / Quel âge as-tu ?
● 私は～歳です。
　　J'ai ＋ **数字** ＋ an(s).

Exercices ✈

1 聞こえてきた文に合う絵を次の a、b のなかから選びましょう。 🎧 027

❶ a.　　　　　　b.

答え（　　　）

❷ a.　　　　　　b.

答え（　　　）

Leçon
2

❸ a.　　　　　　b.

答え（　　　）

2 次の（　）に avoir の活用を入れましょう。

❶ 私たちは20歳です。　　　　　　　　　　Nous (　　　　　　) 20 ans.

❷ 彼女は暑いです。　　　　　　　　　　　Elle (　　　　　　) chaud.

❸ マリーとジャンはお腹がすいています。　Marie et Jean (　　　　　　) faim.

3 次のフランス語の文を否定文にしましょう。

❶ Ils sont français.　→

❷ Tu as 10 ans.　→

❸ J'ai froid.　→

4 次の数字を発音しましょう。また、数字で自分の年齢を表す表現を作って発音しましょう。

treize　　vingt-quatre　　neuf　　seize　　vingt et un　　sept

5 次の文をフランス語で書きましょう。

❶ 君たちは5歳ですね。

❷ ニコラ（Nicolas）はのどが渇いています。

21

Leçon 3 フランス語を話しますか？

食文化①

Colonne
Repas régionaux
［郷土食］

　フランス料理と言っても様々で、地方によって特色があり、代表的な名物料理があります。レンヌを中心とするブルターニュ地方ではそば粉のクレープ (galette) が有名です。マルセイユのある地中海側では魚介スープのブイヤベース (bouillabaisse) があります。ドイツ国境に接するストラスブールではキャベツの酢漬けにジャガイモや豚肉を合わせたシュークルート (choucroute) が人気です。その他にも、南仏トゥールーズは名物のカスレ (cassoulet) で、ブルゴーニュ地方はエスカルゴ (escargot) の本場として知られています。

ガレット

ブイヤベース

カスレ

エスカルゴ

Vocabulaire

www.trefle.press/parti

♣ さまざまな言語や場所を表す表現を覚えましょう。

言語（男性名詞）を表す単語 🎧 028

	日本語	japonais		スペイン語	espagnol
	中国語	chinois		米語	américain
	フランス語	français		韓国語	coréen
	英語	anglais		イタリア語	italien
	ドイツ語	allemand		ポルトガル語	portugais

Leçon 3

場所を表す表現 ＊ 都市や都道府県を表す単語の前には à、国を表す単語の前には **au, en, aux** がつきます。表現として覚えましょう（Leçon 11 を参照）。

都市や都道府県の場合 🎧 029

パリに	à Paris	東京に	à Tokyo
マルセイユに	à Marseille	京都に	à Kyoto
リヨンに	à Lyon	沖縄に	à Okinawa

国の場合 🎧 030

| 日本に | au Japon | カナダに | au Canada |
| モロッコに | au Maroc | ブラジルに | au Brésil |

🎧 031

フランスに	en France	中国に	en Chine
イギリスに	en Angleterre	韓国に	en Corée
ドイツに	en Allemagne	アルゼンチンに	en Argentine
スペインに	en Espagne	イランに	en Iran
イタリアに	en Italie		

🎧 032

アメリカ合衆国に　aux États-Unis　※大文字につくアクサン記号は省略可：aux Etats-Unis

23

Dialogue 3

Léa : Vous habitez où ?
Taro : J'habite à Paris.
Léa : Vous parlez français ?
Taro : Oui, un peu.

*un peu「少し」

Point 🎧 034

話す言語について語る場合は…

私はフランス語を話します。
Je parle français.

文の仕組みを確認しましょう。

Je	parle	français.
私は	話します	フランス語を

主語人称代名詞 + 第一群規則動詞（-er 動詞）+ 言語.

Grammaire ✏️

第一群規則動詞（-er 動詞）の活用

フランス語の全ての動詞の約90％を占める動詞です。活用のパターンを覚えましょう。

活用のパターン

je	-e	nous	-ons
tu	-es	vous	-ez
il	-e	ils	-ent
elle	-e	elles	-ent

＊動詞（不定詞）の語尾の -er をとり、主語に合わせて語尾を変化させます。

動詞 parler（〜を話します）の活用 🎧 035

je	parle	nous	parlons
tu	parles	vous	parlez
il	parle	ils	parlent
elle	parle	elles	parlent

動詞 habiter（住んでいます）の活用 🎧 036

j'	habite	nous	habitons
tu	habites	vous	habitez
il	habite	ils	habitent
elle	habite	elles	habitent

＊よく使う第一群規則動詞（-er 動詞）

étudier（勉強します）, travailler（働きます）, regarder（見ます）, jouer（遊びます）, déjeuner（昼食をとります）, dîner（夕食をとります）, téléphoner（電話をします）, chanter（歌います）, danser（踊ります）, arriver（到着します）, marcher（歩きます）, rester（〜に居ます）, rentrer（帰ります）

会話のコツ

住んでいるところについての会話はそのまま覚えましょう。 🎧 037

- あなたはどこに住んでいますか？　Vous habitez où ?
- 君はどこに住んでるの？　　　　　Tu habites où ?
- 私は〜に住んでいます。　　　　　J'habite à + <u>都市名や都道府県名</u>.
　　　　　　　　　　　　　　　　　J'habite au, en, aux + <u>国名</u>

Exercices ✈

1 聞こえてきた文に合う絵を次の a、b のなかから選びましょう。 🎧 038

❶ a. こんにちは   b. Bonjour

答え（　　　）

❷ a.   b.

答え（　　　）

❸ a.   b.

答え（　　　）

2 次の（　　）に parler あるいは habiter の活用を入れましょう。

❶ 君はフランス語を話すね。　　　　　　　　Tu (　　　　　　) français.

❷ あなたたちはマルセイユに住んでいます。　Vous (　　　　　　) à Marseille.

❸ 彼女たちは中国語を話します。　　　　　　Elles (　　　　　　) chinois.

❹ 私はドイツに住んでいます。　　　　　　　J' (　　　　　　) en Allemagne.

❺ 彼は英語を話します。　　　　　　　　　　Il (　　　　　　) anglais.

3 次の単語を言語と国名に分けて発音しましょう。また、国名で場所を表す表現を作って発音しましょう。

États-Unis   japonais   France   Chine   espagnol   coréen

4 次の文をフランス語で書きましょう。

❶ 私たちはスペイン語を話します。

....

❷ 彼女は沖縄に住んでいます。

....

❸ あなたは日本に住んでいます。

....

Leçon
3

25

Leçon 4 スポーツが好き？

Colonne

Baccalauréat
［バカロレア］

　フランスには大学入試がない、と聞くと「うらやましい」と思うかもしれませんが、バカロレア（Baccalauréat）という高校卒業資格試験に合格しなければ高校を卒業したことにはならず、大学への願書も出せないのです。試験は文系、社会科学系、科学系などによって内容が少々異なりますが、フランスらしいのは「哲学」という科目があることです。例えば、「芸術作品は美しくなければならないか？」「幸福は探し求めるものなのか？」(2017年出題) などのテーマを4時間かけて解答します。ちなみに、高校2年生で国語（フランス語）のバカロレアを受けておかなければなりません。これも母国語を大事にするフランスらしいシステムです。

Vocabulaire
♣ 好きなものやことを表す単語を覚えましょう。

www.trefle.press/parti

le sport 〔039〕

le football　le baseball　le tennis

l'athlétisme　la natation

l'art 〔041〕

la musique　le théâtre

la peinture　le cinéma　la littérature

Leçon 4

les animaux（もとの形は animal）〔040〕

les chiens　les chats　les chevaux（もとの形は cheval）

les oiseaux　les poissons

la nature 〔042〕

le ciel
la montagne
les bois
les rivières
la mer

＊名詞の前についている le, la, les, l' も一緒にまとめて覚えましょう。

好き嫌いを表す動詞の活用　＊aimer と adorer と détester は Leçon 3 で学んだ第一群規則動詞（-er 動詞）です。préférer はアクサン記号に気を付けて下さい。

動詞 aimer 〔043〕（〜が好きです）の活用	動詞 adorer 〔044〕（〜が大好きです）の活用	動詞 détester 〔045〕（〜が嫌いです）の活用	動詞 préférer 〔046〕（〜のほうが好きです）の活用
j'　aime	j'　adore	je　déteste	je　préfère
tu　aimes	tu　adores	tu　détestes	tu　préfères
il　aime	il　adore	il　déteste	il　préfère
elle　aime	elle　adore	elle　déteste	elle　préfère
nous　aimons	nous　adorons	nous　détestons	nous　préférons
vous　aimez	vous　adorez	vous　détestez	vous　préférez
ils　aiment	ils　adorent	ils　détestent	ils　préfèrent
elles　aiment	elles　adorent	elles　détestent	elles　préfèrent

◆好きの度合いの変化 〔047〕

j'adore ＞ j'aime beaucoup ＞ j'aime ＞ je n'aime pas beaucoup ＞ je n'aime pas ＞ je déteste

Dialogue 4

Théo : Est-ce que tu aimes le sport ?
Kana : Oui, bien sûr. Et toi ?
Théo : Moi aussi ! J'aime beaucoup le football.
Kana : Moi, j'adore la natation.

*bien sûr「もちろん」、Et toi ?「それで君は？」、Moi aussi !「私も（好きです）！」、beaucoup「とても」

Point

好きなものについて語る場合は…

私はスポーツが好きです。
J'aime le sport.

文の仕組みを確認しましょう。

J'　　　　　aime　　　　le sport.
私は　　　好きです　　　スポーツが

主語人称代名詞 ＋ 好き嫌いを表す動詞 ＋ もの・こと・人

Grammaire

疑問文の作り方（oui「はい」、non「いいえ」で答えるタイプの疑問文）

文の仕組み　＊疑問文の文末はつねに疑問符（？）です。

❶ 肯定文の句点（．）を疑問符（？）にかえます。

　　Vous aimez le sport.　→　Vous aimez le sport **?**

❷ 文頭に **Est-ce que** をつけます。

　　Vous aimez le sport.　→　**Est-ce que** vous aimez le sport ?

❸ 主語と動詞を倒置して間にトレデュニオン（ハイフン）をつけます。

　　Vous aimez le sport.　→　**Aimez-vous** le sport ?

何が好きかたずねる会話はそのまま覚えましょう。

● 君は何が好き？　　　　　　Qu'est-ce que tu aimes ? / Tu aimes quoi ?
● あなたは何が好きですか？　Qu'est-ce que vous aimez ?
● 私は〜が好きです。　　　　J'aime ＋ 好きなもの・こと・人．

Exercices ✈

1 聞こえてきた文に合う絵を次の a、b のなかから選びましょう。 🎧 052

❶ a.　　　　　　　　　　　　b.

答え（　　　）

❷ a.　　　　　　　　　　　　b.

答え（　　　）

❸ a.　　　　　　　　　　　　b.

答え（　　　）

Leçon
4

2 （ディクテの練習）文を聞いて次の（　　）を埋めましょう。 🎧 053

❶ Tu (　　　　　　　　　　) les chats.

❷ Nous (　　　　　　　　　　) beaucoup le cinéma.

❸ Ils (　　　　　　　　　) la natation.

3 次の（　　）に aimer、détester、préférer の中から選んでその活用を入れましょう。

❶ 彼女はテニスがとても好きです。　Elle (　　　　　　　　　　) beaucoup le tennis.

❷ 私は海のほうが好きです。　　　　Je (　　　　　　　　) la mer.

❸ あなたは動物が嫌いですね。　　　Vous (　　　　　　　　　) les animaux.

4 次の好きなものやことを表す単語を発音しましょう。また、その単語を使って自分の好き嫌いを表す表現を作って発音しましょう。

le cinéma　　les chiens　　la natation　　le football　　les chats　　la musique

5 次の文をフランス語で書きましょう。

❶ 私は水泳が嫌いです。

....

❷ 彼らは自然が大好きです。

....

29

Leçon 5 これは何ですか？

祝祭・催事①

Colonne

Fête de la musique
［音楽の日］

　Fête de la musique（音楽の日）は、毎年6月21日の夏至の日にフランス全土で開催されます。一年で最も日が長いこの日、プロ・アマ問わず様々なジャンルのミュージシャンたちが、路上や街頭、公園、駅、教会、カフェなどあらゆる場所で音楽を一日中奏でており、そのほとんどが無料で楽しめます。1982年に音楽文化の発展を目的にフランスで始まったこのイベントは今や世界中に広がり、100か国以上で音楽の日が開催されるようになりました。

Vocabulaire

www.trefle.press/parti

♣ 身の回りのものの名前を覚えましょう (1)

男性名詞 🎧 054

Leçon 5

agenda

cahier

crayon

stylo

ciseaux

dictionnaire

livre

magazine

ordinateur

sac

téléphone portable

parapluie

vélo

女性名詞 🎧 055

clé

clé USB

feuille

gomme

règle

trousse

lunettes

revue

ombrelle

montre

horloge

moto

voiture

Dialogue 5

Théo : Qu'est-ce que c'est ? 056
Léa : Ça, c'est un cahier.
Théo : Et ça, ce sont des cahiers aussi ?
Léa : Non, ce ne sont pas des cahiers.
　　　Ce sont des revues.

Point

ものについてたずねられたら… 057

これは何ですか？
Qu'est-ce que c'est ?

これはノートです。
C'est un cahier.

これらは雑誌です。
Ce sont des revues.

文の仕組みを確認しましょう。

Grammaire

不定冠詞

フランス語の文章では多くの場合、名詞には何らかの冠詞がつきます。特定されていない名詞、会話のなかで初めて出てくる名詞には不定冠詞をつけます。男性名詞・女性名詞・複数名詞にはそれぞれ異なる形の不定冠詞が使われます。

	単数	複数
男性名詞	un	des
女性名詞	une	des

例　　　　　　　　　　　　　　　　058
C'est un cahier.　　Ce sont des cahiers.
C'est une revue.　　Ce sont des revues.

疑問代名詞

「何・何を」をたずねる疑問文の作り方

「何」を表す疑問代名詞にはqueとquoiの2種類があり、ていねいさの度合いによって使い分けられます。例えば、「これは何ですか？」と聞きたい場合、以下のようになります。

❶ これは何ですか？　　Qu'est-ce que c'est ?　059
❷ これは何？　　　　　C'est quoi ?
　　　　　　　　　　　— C'est un stylo.
　　　　　　　　　　　　これはペンです。

「誰・誰を」をたずねる疑問文の作り方

疑問代名詞qui「誰」を使った疑問文も見てみましょう。

❶ こちらはどなたですか？　Qui est-ce ?　060
❷ この人は誰？　C'est qui ?
　　　　　　　　— C'est Théo. C'est un étudiant.
　　　　　　　　　こちらは（この人は）テオです。学生です。

＊ C'estの後ろにはものだけでなく、人名や人を表す表現を入れることもできます。

会話のコツ

« Ça, c'est un livre. » 061

フランス語の会話では、çaという語がよく使われます。çaは「これ」という意味で、色々な名詞の代わりをしてくれますが、会話の前や後ろに使われることも多々あります。

● 何、これ？
　C'est quoi ça ?
● これは消しゴムだよ。
　Ça, c'est une gomme.

他にも、「その通りだよ！」C'est ça ! や「いいね、これ！」C'est bien, ça !、「これ、変だなぁ！」Ça, c'est bizarre ! など色々な場面で使われます。

Exercices ✈

1 聞こえてきた会話に合う絵を次の a ～ d のなかから選びましょう。 🎧 062

a.

b.

c.

d.

❶ 答え（　　　　） ❷ 答え（　　　　） ❸ 答え（　　　　） ❹ 答え（　　　　）

2 （ディクテの練習）文を聞いて次の（　　）を埋めましょう。 🎧 063

❶ C'est (　　　　　　　　　　　　　).

❷ Ce sont (　　　　　　　　　　　　).

❸ C'est (　　　　　　　　　　　　　).

❹ Ce sont (　　　　　　　　　　　　).

Leçon
5

3 次の（　　）に適切な不定冠詞を入れましょう。

❶ C'est (　　　　　　　) sac.

❷ C'est (　　　　　　　) clé.

❸ Ce sont (　　　　　　　) gommes.

4 次の語を並び替えて文を作りましょう。

❶ これは鉛筆です。　　　　　[un / c' / crayon / est].

❷ これらは本です。　　　　　[sont / livres / ce / des].

❸ これらはコンピュータではありません。 [ne / ordinateurs / sont / des / pas / ce].

❹ これはペンケースではありません。　[est / pas / ce / trousse / n' / une].

33

Leçon 6 — これはトマのズボンです。

Colonne

スポーツ②

Tour de France
［ツール・ド・フランス］

　世界最大の自転車レース「ツール・ド・フランス」は毎年7月に開催されます。フランス全土、および周辺国を舞台として約3週間、世界中のトップサイクリストたちが凌ぎを削ります。アルプスやピレネーなどの厳しい山岳地帯も行程に含まれ世界一過酷なレースとしても有名です。全21ステージを行い、ステージ毎の優勝者にはマイヨ・ジョーヌ（黄色いジャージ）が贈られます。これを身につけることは選手たちにとって大変名誉なことでもあります。

パリ市内も走り抜けます

フランス全土を走り、山道もあります

各ステージの優勝者はマイヨ・ジョーヌを身に付けます

Vocabulaire

www.trefle.press/parti

♣ 身の回りのもの（衣類 vêtements）の名前を覚えましょう (2)

男性名詞 🎧 064

T-shirt　pull　gilet　chapeau　foulard　chemisier　pyjama

short　pantalon　jean　manteau

Leçon 6

女性名詞 🎧 065

veste　écharpe　robe　casquette　chemise　cravate

jupe　bottes　chaussettes　chaussures

> *Théo :* Qu'est-ce que c'est, ces vêtements ?
> *Léa :* Ça, c'est le pantalon de Thomas.
> Ça, c'est la jupe de Marie.
> *Théo :* Et ces chaussures ?
> *Léa :* Ce sont les chaussures de Paul.

\C'est parti!/

Point

人の持ちものについてたずねられたら…　🎧 067

これは何ですか？　　　　　　　これはトマのズボンです。
Qu'est-ce que c'est ?　　　　　C'est le pantalon de Thomas.

文の仕組みを確認しましょう。

C'	est	le pantalon	de	Thomas.
これは	〜です	ズボン	の	トマ

主語代名詞 Ce ＋ 動詞 être ＋ 定冠詞＋名詞＋所有の前置詞 de ＋ 人名.

Grammaire

定冠詞

特定されている名詞、会話のなかですでに話題にのぼった名詞には定冠詞をつけます。
男性名詞・女性名詞・複数名詞にはそれぞれ異なる形の定冠詞が使われます。

	単数	複数
男性名詞	le (l')*	les
女性名詞	la (l')*	les

例　🎧 068

le pantalon　　les pantalons
la jupe　　　　les jupes

＊名詞が単数で母音や無音のhで始まる場合、leとlaはl'となります。
　　l'agenda　　l'horloge
　また、名詞が母音や無音のhで始まっていても、複数のときはlesを使い、発音するときはリエゾンします。
　　les‿agendas　　les‿horloges

指示形容詞

名詞を「この」「これらの」とさらに特定したいときは指示形容詞を使います。

	単数	複数
男性名詞	ce (cet)*	ces
女性名詞	cette	ces

例　🎧 069

ce pantalon　　ces pantalons
cette jupe　　　ces jupes

＊単数形の男性名詞で母音や無音のhで始まっている場合はcetを使います。発音するときはアンシェヌマンします。
　　cet‿agenda　　cet‿ordinateur

会話のコツ

2種類のhについて

フランス語ではhは発音しないと学習しましたが、実は「無音のh」と「有音のh」が存在します。辞書でhの語を引くと単語に「†」などの印がついているかどうかで分かります。多くの単語は無音ですが、印がついている有音のhの場合、エリジオンやリエゾンをしません。
例えば、ヒーローという単語のhは有音で le héros、と書きますが、ヒロインの場合は無音で l'héroïne となります。

Exercices ✈

1 聞こえてきた会話に合う絵を次の a 〜 d のなかから選びましょう。 🎧 070

a.

b.

c.

d.

❶ 答え（　　　　）　❷ 答え（　　　　）　❸ 答え（　　　　）　❹ 答え（　　　　）

2 （ディクテの練習）文を聞いて次の（　　）を埋めましょう。 🎧 071

❶ J'aime (　　　　　　　　　　　　　　　).

❷ J'aime beaucoup (　　　　　　　　　　　　　　　).

❸ J'adore (　　　　　　　　　　　　　　　).

❹ Je n'aime pas (　　　　　　　　　　　　　　　).

3 次の表現をフランス語にして文を完成させましょう。

❶ これはポールのジャケットです。

C'est (　　　　　　) (　　　　　　) (　　　　　　) (　　　　　　).

❷ これはマリーのブラウスです。

C'est (　　　　　　) (　　　　　　) (　　　　　　) (　　　　　　).

❸ これはジャンの靴です。

Ce sont (　　　　　　) (　　　　　　) (　　　　　　) (　　　　　　).

4 次の文をフランス語で書きましょう。

❶ これはレアのスカートです。

....

❷ これらはトマのTシャツですか？

....

Leçon
6

Leçon 7

ユゴーって、どんな人？

祝祭・催事②

Colonne

Le 14 juillet

[革命記念日]

　フランス共和国は1789年に起こったフランス革命によって誕生しました。それを象徴する日として選ばれたのが、パリ市民によってバスチーユ（監獄）が襲撃された7月14日です。その日は国民の祝日となりました。現在、毎年その日は、パリのシャンゼリゼ通りで大統領の参加の下に軍事パレードが行われたり、全国各地で様々なコンサートが開かれたり、夜には数多くの花火が打ち上げられるなど、華々しい祝祭の日となっています。

Vocabulaire

♣ 人を表す単語を覚えましょう。

人の外観を表す形容詞

背が低い
petit / petite

背が高い
grand / grande

太った
gros / grosse

やせた
mince / mince

美しい（ハンサムな）
beau / belle

かっこいい
cool *不変

きれいな
joli / jolie

若い
jeune / jeune

年を取った
âgé / âgée, vieux / vieille

かわいい
mignon / mignonne

Leçon 7

人の性格や状態を表す形容詞

073	男性形	女性形	074	男性形	女性形
親切な	gentil	gentille	静かな	calme	calme
意地悪な	méchant	méchante	内気な	timide	timide
感じが良い	sympathique	sympathique	真面目な	sérieux	sérieuse
魅力的な	charmant	charmante	怠け者の	paresseux	paresseuse
知的な	intelligent	intelligente	幸せな	heureux	heureuse
天才的な	génial	géniale	嬉しい	content	contente
活動的な	actif	active	疲れた	fatigué	fatiguée
スポーツ好きの	sportif	sportive	病気の	malade	malade

39

Dialogue 7

Léa : Dis, c'est qui ?
Théo : Lui, c'est Hugo.
Léa : Hugo, il est comment ?
Théo : Il est grand, bien sûr. En plus, il est actif et gentil.

　　　　　　　*Dis「ねえ（呼びかけ）」、En plus「そのうえ」

Point　076

人の特徴についてたずねられたら…

彼はどんな人ですか？
Il est comment ?

彼は背が高いです。
Il est grand.

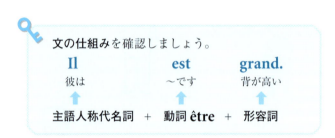

Grammaire

形容詞①　動詞 être の後ろにくる場合

形容詞は関係する名詞（ここでは主語となる名詞）の性と数に合わせて変化します。

　　性・数一致の原則的なパターン：　女性形＝男性形＋**e**　＊男性・単数形を基本とします
　　　　　　　　　　　　　　　　　　複数形＝単数形＋**s**

背が高い**grand**の場合　　077

	単数	複数
男性名詞	Il est grand.	Ils sont grand**s**.
女性名詞	Elle est grand**e**.	Elles sont grand**es**.

※原則以外のパターンについては補遺（p.82）を参照。

会話のコツ

Lui, c'est Hugo.「この人、この人はユゴーです。」　078

主語を強調する場合、lui のように名詞に合わせて人称代名詞の自立形を用います。

人称代名詞の自立形

私	moi	私たち	nous
君	toi	君たち	vous
あなた	vous	あなたたち	vous
彼	lui	彼ら	eux
彼女	elle	彼女たち	elles

使い方
1) 主語の強調：Lui, c'est Hugo.
2) être の後　：C'est lui.
3) 前置詞の後：
　　J'ai rendez-vous avec lui.

Exercices ✈

1 聞こえてきた文に合う絵を次の a、b のなかから選びましょう。 🎧 079

❶ a.　　　　　　　　　b.　　　　　　　　　　　　　（　　　　　）

❷ a.　　　　　　　　　b.　　　　　　　　　　　　　（　　　　　）

❸ a.　　　　　　　　　b.　　　　　　　　　　　　　（　　　　　）

Leçon
7

2 （ディクテの練習）文を聞いて次の（　）を埋めましょう。 🎧 080

❶ Marie et Claire sont (　　　　　　　　　).

❷ Nicolas et Agnès sont (　　　　　　　　　).

❸ Jean et Pierre sont (　　　　　　　　　).

3 次の形容詞を発音しましょう。また、その形容詞を使って下の人物を表す表現を作って発音しましょう。

sympathique　jeune　timide　vieux　méchant　gros　sérieux　mince

人物　男性 Jean　Hugo　Nicolas　Pierre
　　　女性 Agnès　Claire　Marie　Sylvie

4 次の文をフランス語で書きましょう。

❶ 彼は魅力的です。

....

❷ 彼女たちはかわいいです。

....

❸ ニコラは疲れています。

....

41

Leçon 8 　彼は黒いカバンを持っています。

生活② **Colonne**

Vacances
［ヴァカンス］

　フランスでは1年間に5週間（25日）の有給休暇が法律で認められています（1982年制定）。また、国民の祝日を加えると1年間の休日は36日になります。学校が休みになる期間として万聖節（Toussaint: 11月1日）やクリスマス（Noël: 12月25日）、冬休みやイースター（Pâques: 春分の後の最初の満月の次の日曜日で3月22日〜4月25日の間）がありますが、夏休みになる7月と8月が最大のヴァカンスシーズンです。毎年その頃になると、「太陽と暑さを求めて」海や田舎、山へと繰り出す多くのフランス人の姿が見られます。

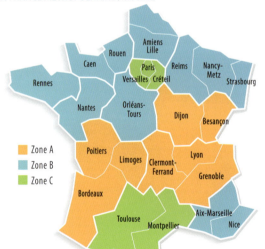

ヴァカンスの定番は海。写真は南仏アンチーブ

フランスは地域によってヴァカンスの時期が異なります

レユニオン島もヴァカンス地として有名

Vocabulaire

www.trefle.press/parti

♣ ものや人を表す単語を覚えましょう。

色を表す形容詞 🎧 081

白色	青色	褐色（こげちゃ）	灰色	黄色
blanc / blanche	bleu / bleue	brun / brune	gris / grise	jaune / jaune

黒色	赤色	緑色	紫色	オレンジ色
noir / noire	rouge / rouge	vert / verte	violet / violette	orange ＊不変

Leçon 8

髪や目の色を表す場合 🎧 082

髪 (cheveux) や目 (yeux) という名詞の後ろに色を表す形容詞をつけます。

 彼は褐色の髪をしています。 Il a les cheveux **bruns**.
 彼は青い目をしています。 Il a les yeux **bleus**.

 ＊体の部位を表す場合は名詞の前に定冠詞をつけます。
 ＊金髪や赤毛の場合は動詞êtreの後におくこともできます。

・金髪blondの場合
 Il a les cheveux **blonds**. または Il est **blond**.
 Elle a les cheveux **blonds**. または Elle est **blonde**.

・赤毛rouxの場合
 Il a les cheveux **roux**. または Il est **roux**.
 Elle a les cheveux **roux**. または Elle est **rousse**.

 ＊髪の長さを表す形容詞はlong〔longue〕「長い」やcourt(e)「短い」です。

♣ 体の部位を表す名詞 🎧 083

🎧 084

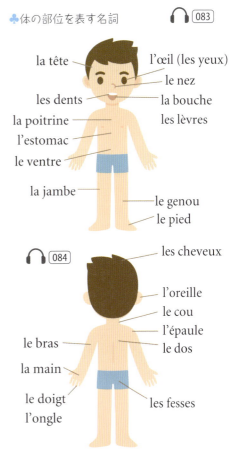

la tête, l'œil (les yeux), le nez, les dents, la bouche, la poitrine, les lèvres, l'estomac, le ventre, la jambe, le genou, le pied, les cheveux, l'oreille, le cou, l'épaule, le bras, le dos, la main, le doigt, les fesses, l'ongle

43

Dialogue 8

Théo : Tu connais Monsieur Dupond ? Il est où ?
Léa : Oui…il est là ! C'est l'homme avec un sac noir, tu vois ?
Théo : Peut-être, l'homme avec une veste verte ?
Léa : Oui, et puis, il a les cheveux bruns.

*Tu connais ～「君は～を知っている」、là「あそこに」、l'homme「男の人」、avec「～を持った、～を着た」、tu vois ?「分かる？」、Peut-être「たぶん」、et puis「それから」

Point

人の様子について答える場合は…

彼は黒いカバンを持っています。
Il a un sac noir.

Grammaire

形容詞②　名詞につく場合

形容詞は原則的に名詞の後ろにつきます。また、形容詞は名詞につく場合も名詞の性と数に合わせて変化します。

黒いnoirの場合　

	単数	複数
男性名詞	un sac **noir**	des sacs **noirs**
女性名詞	une veste **noire**	des vestes **noires**

ただし、日常よく使う短い形容詞は名詞の前につきます。
grand(e)．petit(e)．gros(se)．beau〔belle〕．joli(e)．vieux〔vieille〕．jeune, bon(ne)「良い」．mauvais(e)「悪い」．nouveau〔nouvelle〕「新しい」．ancien(ne)「昔の」

きれいなjoliの場合　un **joli** sac　une **jolie** veste

＊形容詞が名詞の前につく場合に不定冠詞のdesはdeに変わります。
　　　des sacs → **de** jolis sacs　　des vestes → **de** jolies vestes

＊名詞の前と後ろに同時に形容詞をつけることができます。　　un **joli** sac **noir**
　　　　　　　　　　　　　　　　　　　　　　　　　　　　de **jolies** vestes **noires**

« Tu vois ? »
相手に分かったかどうか確認する表現として、親しい間柄の場合には、他に« Compris ? »、ていねいな表現を使いたい場合には« Vous voyez ? »や« Vous comprenez ? »などがあります。

Exercices ✈

1 聞こえてきた会話に合うように、次の質問の答えを a、b のなかから選びましょう。　🎧 090

❶ 彼女が持っているカバンは何色ですか。

　　　a. 白色　　　　　b. 赤色　　　　　　　　　　　　　　　(　　　　　　)

❷ 彼の髪は何色ですか。

　　　a. 金色（金髪）　b. 褐色　　　　　　　　　　　　　　　(　　　　　　)

❸ 彼はどんなジャケットを着ていますか。

　　　a. 小さい　　　　b. 古い　　　　　　　　　　　　　　　(　　　　　　)

Leçon
8

2 （ディクテの練習）文を聞いて次の（　　）を埋めましょう。　🎧 091

❶ Vous avez les yeux (　　　　　　　　).

❷ J'ai une robe (　　　　　　　　).

❸ Ils ont de (　　　　　　　　) lunettes.

3 次の表現をフランス語にして文を完成させましょう。

❶ 私たちは黄色い車を持っています。

　Nous avons (　　　　　　) (　　　　　　) (　　　　　　).

❷ アンヌは赤毛です。

　Anne a (　　　　　　) (　　　　　　) (　　　　　　).

❸ 君は大きなコートを着ている。

　Tu as (　　　　　　) (　　　　　　) (　　　　　　).

4 次の語を並び替えて文を作りましょう。

❶ 彼は紫色の腕時計を持っています。　　　　[violette / a / montre / une / il].

....

❷ 私は黒髪です。　　　　　　　　　　　　[cheveux / j' / les / noirs / ai].

....

❸ 彼らはきれいなブーツを履いています。　[de / ont / ils / bottes / jolies].

....

45

Leçon 9 — 何人家族ですか？

Colonne 生活③
Famille
［家族制度］

　法律婚（異性婚・同性婚）、事実婚、PACS（民事連帯契約）など、フランスには多様なカップルの形態が見られます。それと関連して「婚外子」の割合も年々増加しており、2006年以降は婚外子がフランスで生まれた子どもの半数以上を占めています。法律婚であれ事実婚であれ、生まれた子どもにはほぼ同様の権利が認められていることも婚外子増加の一因と言えます。このように家族に対して柔軟な考えが浸透しているフランスが、ヨーロッパで1、2位を争う出生率の高さを誇る国だということも忘れてはなりません。

家族を証明する Livret de famille（家族手帳）

Vocabulaire

www.trefle.press/parti

♣ 家族を表す単語を覚えましょう。

家族 🎧 092

Leçon 9

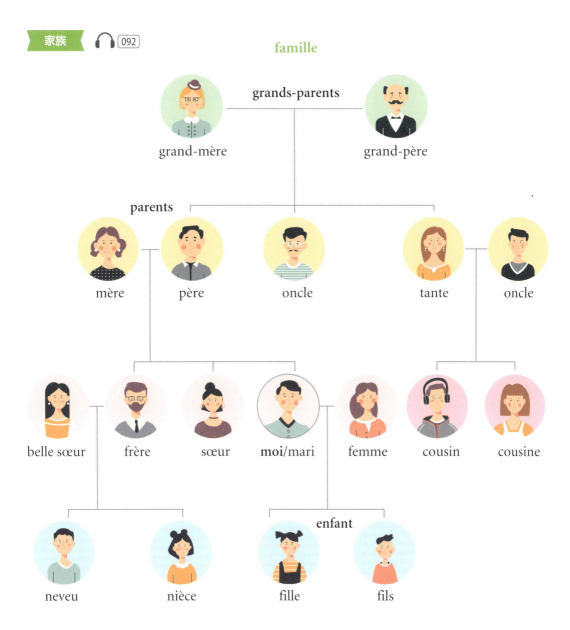

Dialogue 9

Théo : Vous êtes combien dans ta famille ? 〔093〕

Léa : Nous sommes quatre : mon père, ma mère, ma sœur et moi. Et toi ?

Théo : Nous sommes trois. Mon père, ma mère et moi. Je suis fils unique.

*fils unique「一人息子」

Point

家族について語る場合は… 〔094〕

家族は何人ですか？　　Vous êtes combien dans ta famille ?

〜人です。　　　　　　Nous sommes + 数字（家族の人数）.

文の仕組みを確認しましょう。

Vous	êtes	combien	dans	ta	famille ?
君たちは	います	何人	のなかに	君の	家族

主語人称代名詞 ＋ 動詞 être ＋ 疑問副詞 ＋ 前置詞 ＋ 所有形容詞＋名詞

Grammaire 〔095〕

所有形容詞

「私の〜」「あなたの〜」を表す所有形容詞は、後ろに来る名詞の性・数に合わせて変化します。

	男性・単数	女性・単数	複数
私の	mon	ma (mon)*	mes
君の	ton	ta (ton)*	tes
彼の・彼女の・その	son	sa (son)*	ses
私たちの	notre	notre	nos
あなたの・君たちの・あなたたちの	votre	votre	vos
彼らの・彼女たちの・それらの	leur	leur	leurs

＊女性・単数形の名詞でも母音や無音のhで始まっている語の前では mon、ton、son を使います。

例：ombrelle（日傘）→ mon ombrelle 〔096〕
　　horloge（大時計）→ son horloge

会話のコツ

《 Vous êtes combien ? 》 〔097〕

Vous êtes combien ? は、グループの人数をたずねるとき一般的に用いられます。例えば、レストランで「何名様ですか？」とたずねるときにも使われます。
他にも例えば…

「あなたたちのフランス語のクラスには何人いるの？」
Vous êtes combien dans votre classe de français ?

というように使えます。

Exercices ✈

1 聞こえてきた文に合う絵を次の a ～ d のなかから選びましょう。🎧 098

a.

b.

c.

d.

❶ 答え（　　　　　） ❷ 答え（　　　　　） ❸ 答え（　　　　　） ❹ 答え（　　　　　）

Leçon
9

2 次の（　　）に指定された所有形容詞を入れましょう。

❶ C'est (私の　　　　　　　　　　　　) mère.

❷ C'est (彼女の　　　　　　　　　　) oncle.

❸ C'est (彼らの　　　　　　　　　　) fille.

❹ Ce sont (君の　　　　　　　　　　) cousins.

❺ Ce sont (私たちの　　　　　　　　　) tantes.

❻ Ce sont (あなたたちの　　　　　　　　) enfants ?

3 次の（　　）に適切な所有形容詞を入れて会話を完成させましょう。

❶ C'est ton père ?　— Oui, c'est (　　　　　　　) père.

❷ C'est votre nièce ?　— Oui, c'est (　　　　　　) nièce.

❸ C'est le mari de Françoise ?　— Oui, c'est (　　　　　　) mari.

❹ Ce sont les grands-parents de Marie ?　— Oui, ce sont (　　　　　) grands-parents.

4 次の文をフランス語で書きましょう。

❶ これは私の家族です。

....

❷ 「こちらは君の甥っ子たちですか？」「いいえ、こちらは彼女の甥っ子たちです。」

....

※甥 neveu の複数形については（p.82）を参照。

49

Leçon 10

毎朝パンを食べます。

食文化②

Colonne

Repas quotidiens
［日常の食事］

　日常の食生活に欠かせないのはパン、ワイン、チーズです。バゲット（フランスパン）は食事中いつも側にあります。ワインの種類は豊富で代表的なボルドーの赤、ブルゴーニュの白ワインは有名です。チーズは300種類以上あり、カマンベールや青カビチーズなどがあります。食事は肉料理中心でクリスマス（Noël）にはジビエ（gibier: 鹿や猪などの狩猟で得た獣肉）も食卓に並びます。フランス人は外食も好み、レストランにもよく出かけます。マクドナルドなどのファストフードも若者に人気です。

Vocabulaire

www.trefle.press/parti

♣ 食品の名前を覚えましょう。

男性名詞 🎧 099　　（数えられないもの）

pain	beurre	miel	riz	jambon	fromage	poisson	poulet	porc / bœuf

café	thé	lait	chocolat	jus d'orange	vin	sucre	sel	poivre

Leçon 10

（数えられるもの）

œuf	fruit	kiwi	ananas	sandwich

女性名詞 🎧 100　　（数えられないもの）

confiture	soupe	eau	bière	farine	huile	viande	salade

（数えられるもの）

orange	pomme	fraise	banane	poire	tartine

動詞 **manger** 101	動詞 **boire** 102	動詞 **prendre** 103
（～を食べます）の活用	（～を飲みます）の活用	（～をとります、食べます、飲みます）の活用
je mang**e**	je **bois**	je **prends**
tu mang**es**	tu **bois**	tu **prends**
il mang**e**	il **boit**	il **prend**
elle mang**e**	elle **boit**	elle **prend**
nous mang**eons**	nous **buvons**	nous **prenons**
vous mang**ez**	vous **buvez**	vous **prenez**
ils mang**ent**	ils **boivent**	ils **prennent**
elles mang**ent**	elles **boivent**	elles **prennent**

Dialogue 10

Léa : Qu'est-ce que tu manges le matin ? 🎧 104
Théo : Le matin, je mange du pain avec de la confiture.
　　　 Je prends aussi un fruit.
Léa : Et tu prends du café ?
Théo : Non, je ne bois pas de café.

*le matin「毎朝」、avec～「～と」、aussi「～も」

Point

食べる物・飲む物についてたずねられたら… 🎧 105

君は何を食べますか / 飲みますか？	Qu'est-ce que tu manges / bois ?
私はパンを食べます。	Je mange / prends du pain.
私はコーヒーを飲みます。	Je bois / prends du café.

文の仕組みを確認しましょう。
Je　　　mange　　　du　　pain.
私は　　〜を食べます　　　　　パン
主語人称代名詞 + 動詞 manger + 部分冠詞 + 名詞.

Grammaire

部分冠詞

すでに学習した不定冠詞、定冠詞のほかに、フランス語では部分冠詞と呼ばれる冠詞が存在します。部分冠詞は数えられない名詞につけられます。

数えられない名詞とは、抽象名詞（愛、勇気など）や物質名詞のことです。物質名詞には具体的には液体、気体のほか、粒状・粉状のもの、肉・魚・チーズなど切り分けて食べる食品などがあります。

男性名詞	**du**
女性名詞	**de la**
母音や無音の h で始まる名詞	**de l'**

例： du pain　🎧 106
　　　de la confiture
　　　de l'eau　🎧 107

＊否定文では、部分冠詞と不定冠詞は **de** に変わります。例：Je **ne** bois **pas de** café. Je **ne** mange **pas de** fruit.
ただし、母音や無音の h で始まる名詞の時はエリジオンして d' になります。
　例：Je **ne** bois **pas d'**eau. Je **ne** mange **pas d'**orange.

« Je mange du lapin ! J'aime le lapin. » 🎧 108

フランス語では、同じ動物でも生物として話すときと食品として話すときでは異なる冠詞を使って区別されます。例えば、「ウサギを飼っている」というときは、J'ai un lapin. といいますが、「ウサギを食べる」というときは Je mange du lapin. と部分冠詞を使って表します。

＊ちなみに、牛や豚、鶏などは生きているときと食材のときでは単語自体が違います。

　雄牛 un taureau / 雌牛 une vache　⇒　牛肉 du bœuf
　豚 un cochon　　　　　　　　　　⇒　豚肉 du porc
　雄鶏 un coq / 雌鶏 une poule　　　⇒　鶏肉 du poulet

Exercices ✈

1 聞こえてきた会話に合う絵を次の a 〜 d のなかから選びましょう。 🎧 109

a.   b.   c.   d.

❶ 答え (   )　❷ 答え (   )　❸ 答え (   )　❹ 答え (   )

Leçon
10

2 （ディクテの練習）文を聞いて次の（　　）を埋めましょう。 🎧 110

❶ Je mange (   ).

❷ Il mange (   ).

❸ Est-ce que tu prends (   ) ?

❹ Je ne bois pas (   ).

3 下の語に適切な冠詞を入れましょう。

❶ Je prends (   ) salade.

❷ Vous prenez (   ) thé ?

❸ Ils ne prennent pas (   ) poulet.

4 次の文をフランス語で書きましょう。

❶ 彼女は毎朝、卵とハムを食べます。

....

❷ 君はビールを飲みますか？

....

Leçon 11　どこに行くの？

Colonne

文化②　**Cinéma**
　　　　　［映画］

　フランス人にとって今や映画は映画館ではなく、テレビなどのメディアを通して自宅で観るものです。それでもフランスは、EU の国々のなかで一番映画館に足を運ぶ人の数が多い国です。とりわけ土曜日には、一週間を通して最も多くの人が映画館を訪れます。映画館での映画鑑賞は、今も週末の娯楽の一つです。また、日本とは違って映画が封切られるのは水曜日です。料金も小規模映画館だと比較的に安く、学生をはじめ多くの人たちの手ごろな娯楽となっています。

前々日にセザール賞（作品賞と最優秀女優賞）を獲得した映画を鑑賞しようと長蛇の列

※ セザール賞（César du cinéma français）は 1976 年に設立されたフランスのアカデミー賞（米国）

MK2 はフランスを代表する映画館チェーン

映画の生みの親リュミュエール兄弟の博物館

フランスを代表する映画祭・カンヌ映画祭の会場

Vocabulaire

www.trefle.press/parti

♣ 色々な場所の名前を覚えましょう（1）　＊都市名や国名については Leçon 3 と付録（国名等）を参考にしてください。

Leçon 11

男性名詞 🎧 111

parc / cinéma / restaurant / café / marché / arrêt de bus / concert / hôpital / supermarché / bureau

女性名詞 🎧 112

banque / station (de métro) / boulangerie / librairie / toilettes / mairie / bibliothèque / pâtisserie / poste / université / école / maison

動詞 aller（行きます）の活用 🎧 113

je	vais	nous	allons
tu	vas	vous	allez
il	va	ils	vont
elle	va	elles	vont

♣ 交通手段を表す表現を覚えましょう。 🎧 114

歩いて	à pied	タクシーで	en taxi
自転車で	à vélo	電車で	en train
バイクで	à moto	地下鉄で	en métro
車で	en voiture	飛行機で	en avion
バスで	en bus	船で	en bateau

Dialogue 11

Léa : Salut, Théo ! Où est-ce que tu vas ?
Théo : Je vais à la bibliothèque.
Léa : Tu vas au cinéma avec Thomas ce soir ?
Théo : Non, mais nous allons au concert, je crois.

*ce soir「今晩」

Point

どこに行くかたずねられたら…

どこに行くの？　　　　　私は映画館へ / 図書館へ行きます。
Où est-ce que tu vas ?　　Je vais au cinéma / à la bibliothèque.

※どこ（疑問副詞）の使い方については補遺（p.82）参照。

文の仕組みを確認しましょう。

Je　　vais　　à　　la bibliothèque.
私は　　行きます　　〜へ　　図書館

主語人称代名詞 + 動詞 aller + 前置詞 à + 定冠詞 + 場所の名詞

Grammaire

フランス語では「〜へ、に」の表現が場所の名詞の性・数などによって形が異なります。特に前置詞 à の後ろに定冠詞 le と les がつく語が来ると、à と定冠詞はくっついてひとつの語になります。これを前置詞と定冠詞の**縮約**と言います。

「映画館に」　à + le cinéma　→　au cinéma
「お手洗いに」　à + les toilettes　→　aux toilettes

下の表で行き先「〜へ、に」を表す言い方をまとめて確認しましょう。

	一般名詞	国名	都市名・市町村名など
男性名詞	au cinéma	au Japon	à Paris
女性名詞	à la bibliothèque	en France	à Marseille
複数名詞	aux toilettes	aux États-Unis	à Tokyo
母音や無音のhで始まる名詞	à l'université	en Iran	à Okinawa

＊国名が女性名詞と母音や無音の h で始まる男性名詞の場合、一般名詞の場所名のときとは前置詞が異なるので注意しましょう。

＊その他、chez 〜（〜の家に）もよく使われます。　例：Je vais chez Thomas.

会話のコツ

« Nous allons au concert, je crois. »

文章の後に je crois や je pense などをつけると、「〜と思う」となり、確定していないことを表したり、自分の発言に自信がない時などに使えます。文頭に Je crois que...、Je pense que... とつけても構いません。

Je pense que Paul va au Japon.

56

Exercices ✈

1 聞こえてきた文に合う絵を次の a 〜 d のなかから選びましょう。 🎧 119

a. b. c. d.

❶ 答え（　　　　） ❷ 答え（　　　　） ❸ 答え（　　　　） ❹ 答え（　　　　）

Leçon
11

2 （ディクテの練習）文を聞いて次の（　　）を埋めましょう。 🎧 120

❶ Je vais (　　　　　　　　　　).

❷ Elle va (　　　　　　　　　　).

❸ Vous allez (　　　　　　　　　　) ?

❹ Nous allons (　　　　　　　　　　).

3 次の（　　）に動詞 aller の活用を入れましょう。

❶ Tu (　　　　　　) à l'université ?

❷ Ils (　　　　　　) aux États-Unis.

❸ Philippe (　　　　　) au cinéma.

4 以下の初めて見る国名を男性名詞と女性名詞に分けて、それぞれに「〜へ」となるような前置詞を書きましょう。

Australie　　　Belgique　　　Pérou　　　Pays-Bas　　　Iraq

5 次の文をフランス語で書きましょう。

❶ 「彼らはどこに行きますか？」「市役所に行きます。」

....

❷ アンヌはフランスに住んでいます。そして、彼女はパリで働いています。

....

57

Leçon 12

どこから来たの？

Colonne

生活④

Religion
［宗教］

　フランスは歴史的にカトリック教徒が多数を占める国であり、「カトリックの長女」という言い方も存在しています。公休日の多くはカトリックの行事の日になっています。プロテスタントと違って、カトリック教では聖母マリアや聖人を崇拝する習慣があり、多くのカレンダーには毎日その日命日の聖人の名前が書かれています。例えば、恋人たちの守護聖人である聖バレンタインの命日が何月何日か、皆さんはすでにご存じでしょう。近年、無神論者が国民の25％を越えたフランスですが、生活の中にキリスト教文化はしっかりと息づいています。

パリのノートルダム寺院

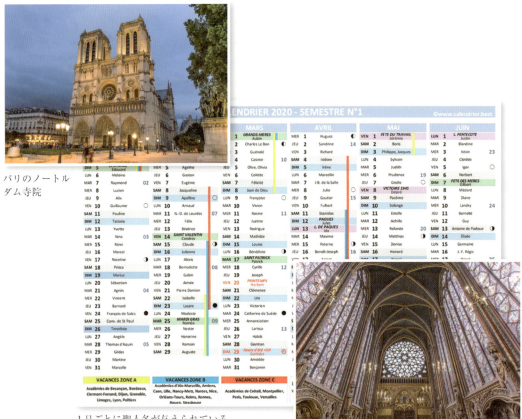

1日ごとに聖人名が与えられている

パリのサントシャペル礼拝堂

Vocabulaire

♣ 場所の名前を覚えましょう (2)

Leçon 12

男性名詞　🎧 121

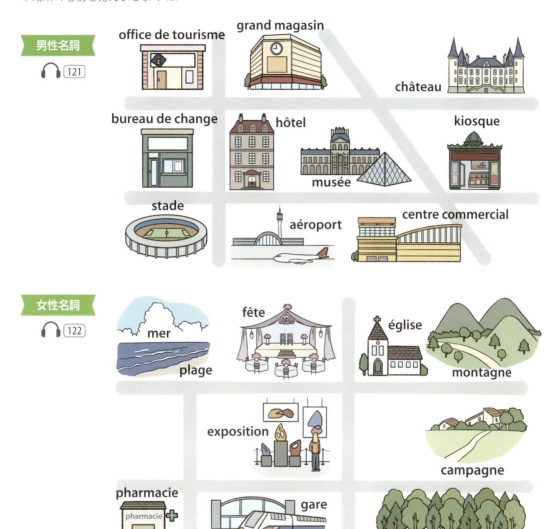

- office de tourisme
- grand magasin
- château
- bureau de change
- hôtel
- musée
- kiosque
- stade
- aéroport
- centre commercial

女性名詞　🎧 122

- mer
- plage
- fête
- église
- montagne
- exposition
- campagne
- pharmacie
- gare
- forêt

◆ **Il y a …**「…があります、…がいます」の表現を覚えましょう。 🎧 123

Il y a... の主語 Il は非人称主語です。もの・ことにも人にも使うことができます。

（一冊の）本があります。	**Il y a** un livre.
（複数の）本があります。	**Il y a** des livres.
（一人の）学生がいます。	**Il y a** un étudiant.
（複数の）学生がいます。	**Il y a** des étudiants.

否定文は Il n'y a pas... となります。

Il n'y a pas de livre(s).　　**Il n'y a pas** d'étudiant(s).

動詞 **venir**（来ます）の活用 🎧 124

je	viens	nous	venons
tu	viens	vous	venez
il	vient	ils	viennent
elle	vient	elles	viennent

Dialogue 12

« à l'office de tourisme »

La voyageuse : Bonjour, Monsieur. Un plan, s'il vous plaît.
L'employé : Bonjour, Madame. Voilà le plan de la ville. Vous venez d'où ?
La voyageuse : Je viens du Japon.
L'employé : Ah ! Il y a beaucoup de restaurants japonais dans cette ville.

*plan「地図」、voilà「はいどうぞ」、beaucoup de ...「多くの…」、dans cette ville「この街には」

Point 🔑 どこから来たかたずねられたら…

どこから来たのですか？　　　私は日本から来ました。
Vous venez d'où ?　　　**Je viens du Japon.**

文の仕組みを確認しましょう。

Je　　viens　　du　　Japon.
私は　　来ます　　～から　　日本

主語人称代名詞 + 動詞 venir + [前置詞 de + 定冠詞の縮約形] + 場所の名詞

Grammaire ✏️

Leçon 11 で学んだ à「～へ、に」の表現同様、「～から」を表す語も場所の名詞の性・数などによって形が異なります。前置詞 de の後ろに定冠詞 le と les がつく語が来ると、de と定冠詞は縮約した形になります。

「映画館から」　de + le cinéma → du cinéma
「お手洗いから」　de + les toilettes → des toilettes

下の表で「～から」を表す言い方をまとめて確認しましょう。🎧 127

	一般名詞	国名	都市名・市町村名など
男性名詞	**du** cinéma	**du** Japon	**de** Paris
女性名詞	**de la** bibliothèque	**de** France	**de** Marseille
複数名詞	**des** toilettes	**des** États-Unis	**de** Tokyo
母音や無音のhで始まる名詞	**de l'**université	**d'**Iran	**d'**Okinawa

＊国名が女性名詞と母音や無音のhで始まる男性名詞の場合、定冠詞が省略されるので注意しましょう。

« Il y a beaucoup de restaurants japonais. »

beaucoup de + 無冠詞の名詞で「多くの…、たくさんの…」という意味があります。
＊名詞が母音や無音のhで始まる場合は beaucoup d' となります。

私はたくさんの鉛筆を持っています。　J'ai beaucoup de crayons.
多くの学生が車で来ます。　　　　　　Beaucoup d'étudiants viennent en voiture.

Exercices ✈

1 聞こえてきた文に合う絵を次の a ～ d のなかから選びましょう。 🎧 129

a.

b.

c.

d. pharmacie

❶ 答え (   ) ❷ 答え (   ) ❸ 答え (   ) ❹ 答え (   )

Leçon
12

2 次の (   ) に動詞 venir の活用を入れましょう。

❶ Tu (   ) du Canada ?

❷ Il (   ) de Chine.

❸ Elles (   ) du musée.

❹ Vous (   ) de l'aéroport ?

3 「私は～から来ました」という表現になるように (   ) に適切な語を入れましょう。

❶ Je viens (   ) kiosque.

❷ Je viens (   ) gare.

❸ Je viens (   ) office de tourisme.

❹ Je viens (   ) France.

❺ Je viens (   ) Italie.

❻ Je viens (   ) États-Unis.

4 次の語を並び替えて文を作りましょう。

❶ 彼女はどこから来たのですか？   [vient / d'où / elle] ?

....

❷ たくさんの教会があります。   [a / églises / y / il / beaucoup d'].

....

Leçon 13　何時ですか？

Colonne

祝祭・催事③

Noël et Nouvel An
［クリスマスとお正月］

　12月になると、フランスの家庭にはクリスマスツリーや crèche（キリスト生誕の様子を描いた模型）が飾られ、街はイルミネーションで華やぎます。キリスト教文化圏では、クリスマスを家族で過ごし、年越しを友人たちとパーティーをしながら過ごすのが普通です。最近では無宗教の人や無神論者でも、クリスマスは子どものための行事と割り切って祝う人が多いようです。しかし必ずしも子どもだけが主役ではなく、大人になっても親やきょうだいともプレゼントを贈りあう姿が見られます。

パリのデパートの年末年始中のショーウィンドー

エッフェル塔のたもとで開かれるクリスマスマーケット

キリスト生誕を表したクリスマス飾り

ショッピングモールのクリスマスツリー

Vocabulaire

♣ 30から69までの数字を覚えましょう。 🎧 130

30	trente	40	quarante	50	cinquante	60	soixante
31	trente et un/une	41	quarante et un/une	51	cinquante et un/une	61	soixante et un/une
32	trente-deux	42	quarante-deux	52	cinquante-deux	62	soixante-deux
33	trente-trois	43	quarante-trois	53	cinquante-trois	63	soixante-trois
34	trente-quatre	44	quarante-quatre	54	cinquante-quatre	64	soixante-quatre
35	trente-cinq	45	quarante-cinq	55	cinquante-cinq	65	soixante-cinq
36	trente-six	46	quarante-six	56	cinquante-six	66	soixante-six
37	trente-sept	47	quarante-sept	57	cinquante-sept	67	soixante-sept
38	trente-huit	48	quarante-huit	58	cinquante-huit	68	soixante-huit
39	trente-neuf	49	quarante-neuf	59	cinquante-neuf	69	soixante-neuf

Leçon 13

♣ 時間の言い方を覚えましょう。 🎧 131

〜時です。　Il est ... heure(s).　　　　〜時に　à ... heure(s)

🎧 132

5時10分
cinq heures dix

8時15分
huit heures et quart

3時30分
trois heures et demie

9時15分前（8時45分）
neuf heures moins le quart

6時10分前（5時50分）
six heures moins dix

♣ 時間帯を表す表現 🎧 133

sept heures **du matin**（午前7時）　　deux heures **de l'après-midi**（午後2時）

sept heures **du soir**　　（晩の7時）

第二群規則動詞（-ir動詞）の活用
活用のパターン

je	-is	nous	-issons
tu	-is	vous	-issez
il	-it	ils	-issent
elle	-it	elles	-issent

動詞 finir
（終わります、終えます）の活用 🎧 134

je	finis	nous	finissons
tu	finis	vous	finissez
il	finit	ils	finissent
elle	finit	elles	finissent

Dialogue 13

Léa : Quelle heure est-il ?
Théo : Il est onze heures.
Léa : Ce cours finit à quelle heure ?
Théo : À midi. Nous avons encore du temps.

*cours「授業」、encore「まだ」、temps「時間」

Point

時間をたずねられたら…

何時ですか？　Quelle heure est-il ?
11時です。　　Il est onze heures.

文の仕組みを確認しましょう。

Il	est	onze	heures.
(時間は)	です	11	時

形式主語の **il** ＋ 動詞 **être** ＋ 数字 ＋ 時間

Grammaire

疑問形容詞

時間をたずねる Quelle heure est-il ? の quelle は「どの、何の」という意味を持つ疑問形容詞です。疑問形容詞はたずねる対象の性・数によって形が変わります。

	単数	複数
男性名詞	quel	quels
女性名詞	quelle	quelles

＊使い方

❶ 名詞に直接つけて使います。

　　Tu aimes **quelle** chanteuse ?　　君はどの女性歌手が好き？

❷ 「〜は何ですか？」の疑問文で使います。

　　Quel est cet oiseau ?　　この鳥は何ですか？

会話のコツ

« Il est dix-neuf heures. / Il est 19h. »

フランスでは正午以降の時間を表すとき、特に公式な場では24時間制で表現されます。日本やアメリカのように「AM」「PM」という言葉は通じません。また、24時間制を使うときは「et demie」や「et quart」などの表現は基本的に一緒に使わないので、以下のようにどちらかの言い方をしましょう。

　deux heures et demie de l'après-midi（午後2時半）
　　　＝ quatorze heures trente（14時30分）

　minuit moins le quart（0時15分前）
　　　＝ vingt-trois heures quarante-cinq（23時45分）

Exercices ✈

1 聞こえてきた時刻を書きましょう。 🎧 140

❶ Il est ....

❷ Il est ....

❸ Il est ....

❹ Il est ....

2 次の文をフランス語で書きましょう。

❶ 6時10分です。

❷ 2時5分です。

❸ 1時半です。

❹ 朝の4時45分（5時15分前）です。

3 次の（　）に適切な疑問形容詞を入れましょう。

❶ Il est dans (　　　　　　) université ?

❷ Tu aimes (　　　　　　) gâteaux ?

❸ Elle a (　　　　　　) chaussures ?

❹ (　　　　　　) est ce livre ?

4 次の語を並び替えて文を作りましょう。

❶ 何時に大学に行くの？
[vas / à / tu / à quelle heure / l'université]?

❷ 私の父は午前8時に職場に行きます。
[au bureau / du / mon père / matin / va / huit heures / à].

❸ これらの動物は何ですか？
[animaux / sont / ces / quels]?

Leçon 13

Leçon 14　天気はどうですか？

Colonne

祝祭・催事④　**Épiphanie**
［公現祭］

　クリスマスにつづくキリスト教のお祭りが1月6日のエピファニー Épiphanie です。救世主の誕生を知った東方の3人の博士がイエスの礼拝に訪れたことを記念する日です。その日、フランスの家庭ではソラマメまたは小さな陶器の人形を隠したガレット・デ・ロワ (galette des rois: 王様のケーキ) を食べます。配られたケーキにそれが入っていた人が一日王様または女王様になって遊びながら祝います。

Vocabulaire

www.trefle.press/parti

♣ 天候を表す表現を覚えましょう。 141

 142

どんな天気ですか？
Quel temps fait-il ? / Il fait quel temps ?

Il fait beau.

Il fait mauvais.

Leçon 14

Il y a des nuages.　　Il y a du vent.

Il fait chaud.

Il fait froid.

Il y a (du) soleil.　　Il y a un typhon.
Il fait (du) soleil.

Il fait frais.

Il fait doux.

Il pleut.　　Il neige.

Il fait bon.

Il fait humide.

気温は何度ですか？
Quelle température fait-il ? /
Il fait quelle température ? 143

（気温は）〜度です。
Il fait ＋ 数字 ＋ degré(s).

Il fait 20 degrés.　　Il fait moins 3 degrés.

67

Dialogue 14

> Théo : Quel temps fait-il maintenant ? 🎧 144
> Léa : Il fait mauvais. D'ailleurs, il fait 8 degrés !
> Théo : Alors, on regarde un film à la maison ?
> J'ai un DVD neuf.
> Léa : Ah, tant mieux !
>
> *D'ailleurs「しかも」、Alors「じゃあ」、neuf「新しい」、tant mieux !「それは良かった！」

Point 🔑 天候についてたずねられたら… 🎧 145

どんな天気ですか？ Quel temps fait-il ?
悪いです。 Il fait mauvais.

文の仕組みを確認しましょう。

Il	fait	mauvais.
（天気は）	〜です	悪い

＊Il fait は天気を表すのによく用いられる表現（非人称構文）

形式主語の **il** ＋ 動詞 **faire** ＋ 天気を表す形容詞や名詞

Grammaire ✏️

非人称構文

天候や時間、「〜があります（〜がいます）」という存在などを表すものです。主語に形式主語のilが用いられて、動詞は常に三人称単数で活用します。また、faireは「〜をします」「〜を作ります」という意味の動詞ですが、天候を表す時にもよく用いられます。

動詞 **faire** 🎧 146
（〜をします、〜を作ります）の活用

je	fais	nous	faisons
tu	fais	vous	faites
il	fait	ils	font
elle	fait	elles	font

会話の コツ

« Tant mieux ! »

Tant mieux は「それは良かった」という意味ですが、Tant pis はその反対で「仕方がない、それは気の毒だ」という意味になります。また、Tant pis pour toi/lui/elle... だと、「自業自得だ」という意味になります。

68

Exercices ✈

1 聞こえてきた文に合う絵を次の a、b のなかから選びましょう。 🎧 147

❶ a.   b.   (   )

❷ a.   b.   (   )

❸ a.   b.   (   )

Leçon
14

2 （ディクテの練習）文を聞いて次の（　）を埋めましょう。 🎧 148

❶ Il fait (   ).

❷ Il (   ).

❸ Il fait moins (   ) degrés.

3 次の図を見ながらそれぞれの都市の気候と気温を発音しましょう。

例 à Paris : Il y a des nuages. Il fait 4 degrés.

à Marseille ....

à Lyon ....

à Toulouse ....

à Nice ....

à Nantes ....

à Strasbourg ....

à Bordeaux ....

à Lille ....

（地図：リール 6℃／パリ 4℃／ストラスブール -2℃／ナント 17℃／リヨン 0℃／ボルドー 14℃／トゥールーズ 13℃／ニース 19℃／マルセイユ 21℃）

4 次の文をフランス語で書きましょう。

❶ 良い天気です。 ....

❷ 雨が降っています。 ....

❸ 気温は 25 度です。 ....

Leçon 15 — 郵便局はどこですか？

Colonne 祝祭・催事⑤

Chandeleur
［ろうそくの祭］

　Chandeleur は「ろうそくの祭」を意味し、クリスマスから 40 日後の 2 月 2 日に祝われます。この日にキリストが初めて教会に行ったとされており、フランスではクレープを焼いて食べる習慣があります。伝統では、左手にコインを握りながら、右手でフライパンを持ちクレープを空中でうまくひっくり返すことができれば、その年は幸運になるといわれています。この行事の起源は諸説ありますが、もともと一年で最も寒いこの時期にみんなでクレープを食べ、その年の豊穣を願う行事がキリスト教化されたものだと言われています。

Vocabulaire

♣ 道案内のための表現を覚えましょう。

> **道をたずねるときの表現** 🎧 149
>
> 〜はどこですか？
> **Où est** +（単数名詞の）場所？　　**Où est** la gare ?
> **Où sont** +（複数名詞の）場所？　　**Où sont** les toilettes ?

Leçon 15

◆ 道案内に使う動詞 🎧 150

・行きます	aller	・曲がります	tourner
・（道を）行きます	prendre	・渡ります	traverser
・進みます	continuer		

◆ 位置を表す表現 🎧 151

・（〜の）右に	à droite (de 〜)	・〜の後ろに	derrière 〜
・（〜の）左に	à gauche (de 〜)	・（〜の）そばに	à côté (de 〜)
・まっすぐ	tout droit	・（〜から/〜の）近くに	près (de 〜)
・（〜の）正面に	en face (de 〜)	・（〜から）遠くに	loin (de 〜)
・〜の前に	devant〜	・〜まで	jusqu'à〜

◆ 道案内に使う単語 🎧 152

・通り	la rue	・十字路	le carrefour
・大通り・並木道	l'avenue, le boulevard	・広場	la place
・交差点	le croisement	・橋	le pont

> **序数** 🎧 153

「〜番目の」というには、「1番目の」をのぞいてほとんどの場合、数字の語尾に **-ième** をつけます。

- 1番目の　premier / première
- 2番目の　deux**ième** または second / seconde
- 3番目の　trois**ième**
- 4番目の　quatr**ième**
- 5番目の　cinqu**ième**

Dialogue 15

> Léa : Où est la poste, s'il vous plaît ?
> Un passant : Alors, prenez la deuxième rue à gauche, allez tout droit. La poste est en face de la banque.
> Léa : Merci. C'est gentil.

Point

道をたずねられたら…

郵便局はどこですか？	Où est la poste ?
まっすぐ行ってください。	Allez tout droit.

文の仕組みを確認しましょう。

Allez （行ってください） **tout droit.** （まっすぐ）

動詞 aller の活用 ＋ 方向を示す表現

Grammaire

命令法

命令の表現は、フランス語では誰に向かって言うかによって3通りの言い方ができます。

tu で話す相手に言う	**Parle*！**	話しなさい！
nous で話す相手に言う	**Parlons！**	話しましょう！
vous で話す相手に言う	**Parlez！**	話してください！

＊tu で話す相手に -er 動詞で命令法を使う場合、tu parles の活用から -s をとった形になります。aller もこの規則に従います。

　　Va！行きなさい！、Allons！行きましょう！、Allez！行ってください！

＊動詞 être と avoir の命令法の活用は特殊な形になります。

être	avoir
Sois !	Aie !
Soyons !	Ayons !
Soyez !	Ayez !

例：**Sois** gentil！ 親切にしなさい！

否定の命令は次のようになります。

　　話さないで！ Ne parle pas !　　怖がらないでください！ N'ayez pas peur !

« Allez tout droit. »

Allez は動詞 aller「行きます」の命令法ですが、間投詞としても使われ、「さあ！」「それ！」などの意味になります。

スポーツの応援では « Allez la France ! »「フランス頑張れ！」というフレーズが横断幕や応援歌に使われます。また、フランスで道を歩いていると犬や子どもに « Allez, viens ! » と言っている声が聞こえてきて、行ってほしいのか来てほしいのか矛盾しているように思えるかもしれませんが、「さあ、おいで！」と呼びかけているのです。

Exercices

1 聞こえてきた文に合う絵を a～d のなかから選びましょう。 🎧 158

a. 　b. 　c. 　d.

❶ 答え (　　　)　❷ 答え (　　　)　❸ 答え (　　　)　❹ 答え (　　　)

Leçon 15

2 次の動詞を命令形にしましょう。

❶ 一緒に歌いましょう。　　　chanter: (　　　　　) ensemble !

❷ ゆっくり話しなさい。　　　parler: (　　　　　) lentement !

❸ ご両親に電話して下さい。　téléphoner: (　　　　　) à vos parents.

❹ 山に行きましょう。　　　　aller: (　　　　　) à la montagne.

＊ensemble「一緒に」、lentement「ゆっくり」

3 地図を見て、次の文がどこへ行くための道案内か答えましょう。

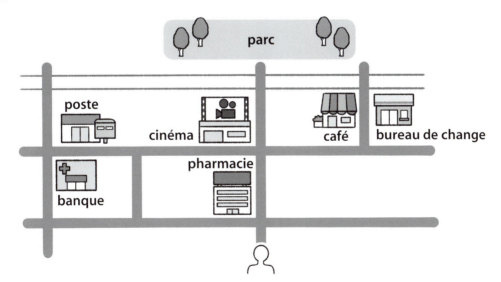

❶ Prenez la première rue à gauche et continuez. Prenez la deuxième rue à droite. Elle est à droite.

❷ Prenez la deuxième rue à droite. Allez tout droit. Il est à côté du café.

73

Leçon 16 週末の予定は？

Colonne
祝祭・催事⑥

Carnaval de Nice / Pâques
［ニースのカーニバル／復活祭］

ニースのカーニバル　マルディグラ（Mardi gras：謝肉祭）の期間に行われる南仏最大級のニースのカーニバルは、毎年100万人以上の見物客で賑わいます。冬のコートダジュール最大のこのイベントは、異教徒の祭りを起源とし、1294年に始まったとされています。カラフルな衣装のダンサーたちや、様々なスペクタクルが祭りを盛り上げます。日本のねぶた祭りのような「パレード」、色とりどりの花がテーマの「花合戦」、祭りを締めくくる「花火」は最大の目玉です。

復活祭　毎年3〜4月頃、前述したマルディグラ後の四旬節と呼ばれる期間（40日間）を経て、イエス・キリストが復活した盛大な記念日であるイースター（Pâques）となります。復活祭では卵に絵を描いたり、子供たちのために卵型のチョコレートを庭に隠したりして楽しむのが恒例となっています。またこの時期は Vacances de Pâques と言って日本の春休みにあたる休暇があり、季節が冬から春に移り変わる節目となっています。

Vocabulaire

♣ さまざまな行動を表す表現を覚えましょう。 🎧 159

・ルーヴル美術館を訪れます　visiter le Musée du Louvre

・パリに行きます	aller à Paris	・スキーをします	faire du ski
・映画館に行きます	aller au cinéma	・ハイキングをします	faire une randonnée
・海に行きます	aller à la mer	・ショッピングをします	faire le shopping
・釣りに行きます	aller à la pêche	・友だちに会います	voir des amis
・スポーツをします	faire du sport	・プールで泳ぎます	nager en piscine
・サッカーをします	faire du football	・旅行をします	voyager
・野球をします	faire du baseball	・テレビを見ます	regarder la télévision
・バスケットをします	faire du basket-ball	・家にいます	rester à la maison
・ボウリングをします	faire du bowling	・ニースから帰ります	rentrer de Nice

Leçon 16

♣ 未来や過去を表す時の表現を覚えましょう。

◆ 未来を表す時の表現　＊名詞の後ろに prochain / prochaine「次の」をつけるのがポイント！

明日	demain	来週	la semaine prochaine	🎧 160
明後日	après-demain	来月	le mois prochain	
今週末	ce week-end	来年	l'année prochaine	
来週の月曜日	lundi prochain	1週間後	dans une semaine	

◆ 過去を表す時の表現　＊名詞の後ろに dernier / dernière「（すぐ）前の」をつけるのがポイント！

昨日	hier	先週	la semaine dernière	🎧 161
一昨日	avant-hier	先月	le mois dernier	
先週の月曜日	lundi dernier	去年	l'année dernière	
		1週間前	il y a une semaine	

＊フランスでは、1週間に8 jours、2週間に15 jours という表現も使います。　🎧 162

　　私は1週間後にパリに行く予定です。　　Je vais aller à Paris dans **8 jours**.
　　私は2週間前にパリから帰ってきたところです。　Je viens de rentrer de Paris il y a **15 jours**.

Dialogue 16

Théo : Léa, qu'est-ce que tu vas faire ce week-end ? 🎧 163
Léa : Je vais aller à Paris. Et là-bas, je veux visiter le Musée du Louvre.
Théo : Moi, je viens de rentrer de Nice hier. Chaque année, je vais à Nice pour le Carnaval.
Léa : Tu as de la chance !   *là-bas「向こうで」、je veux「〜がしたい」、Chaque année「毎年」、Tu as de la chance !「運が良いわね !」

Point 🎧 164

予定について語る場合は…

私はパリに行く予定です。
Je vais aller à Paris.

文の仕組みを確認しましょう。

Je   **vais**   **aller à Paris.**
私は   〜予定です   パリに行く
主語人称代名詞 ＋ 動詞 aller の活用 ＋ 不定詞

何かをしたところだと語る場合は…

私はニースから帰ったところです。
Je viens de rentrer de Nice.

文の仕組みを確認しましょう。

Je   **viens de**   **rentrer de Nice.**
私は   〜したところです   ニースから帰る
主語人称代名詞 ＋ 動詞 venir の活用 ＋ de ＋ 不定詞

Grammaire

近接未来

Leçon 11で学習した動詞 aller を使って近い未来「〜予定です、〜つもりです」を表現することができます。

近接未来 ＝ 動詞 aller の活用 ＋ 不定詞   🎧 165

※否定文にする場合は動詞 aller を ne と pas ではさみます。

     Je vais aller à Paris. → Je **ne** vais **pas** aller à Paris.

近接過去

Leçon 12で学習した動詞 venir と de を使って近い過去「〜したところです、〜したばかりです」を表現することができます。

近接過去 ＝ 動詞 venir の活用 ＋ de ＋ 不定詞   🎧 166

※否定文にする場合は動詞 venir を ne と pas ではさみます。

     Je viens de rentrer de Nice. → Je **ne** viens **pas** de rentrer de Nice.

     ＊de は後ろに母音や無音の h で始まる動詞がくるとエリジオンします。
        Je viens **d'**aller à Paris.

« Je veux... »

Je veux の後ろに不定詞をもってくると「〜がしたいです」という意味になり、名詞をもってくると「〜が欲しいです」という意味になります。また、丁寧に話したい場合は Je voudrais「〜がしたいのですが、〜が欲しのですが」を使います。

Exercices ✈

1 （ディクテの練習）文を聞いて次の（　　）を埋めましょう。 🎧 167

❶ (　　　　　　　　　　　　　) aller à Paris.

❷ (　　　　　　　　　　　　　) faire du football ?

❸ (　　　　　　　　　　　　　) visiter le musée du Louvre.

❹ (　　　　　　　　　　　　　) faire le shopping.

2 Ａから主語、Ｂから行動を選び、「〜は〜する予定です」とフランス語で言いましょう。
また、同じように「〜は〜したところです」と言いましょう。

Leçon
16

　Ａ： Jean　　　　　　　　　　Ｂ： aller à la pêche

　　　 Marie　　　　　　　　　　　　　 faire du ski

　　　 Nicolas et Paul　　　　　　　　 nager en piscine

　　　 Claire et Sylvie　　　　　　　　 voir des amis

　　　 Camille et Pierre　　　　　　　 regarder la télévision

3 次の語を並び替えて文を作りましょう。

❶ 彼女は来週の月曜日映画に行く予定です。
[lundi prochain / va / aller au cinéma / elle].

....

❷ 私たちは昨日ボウリングをしたところです。
[venons de / faire du bowling / hier / nous].

....

❸ 私は明日海に行かないつもりです。
[aller à la mer / pas / je / demain / vais / ne].

....

4 次の文をフランス語で書きましょう。

❶ 私は先週旅行をしたところです。

....

❷ 彼らは来年ハイキングをする予定です。

....

77

Lecture　フランス語で読んでみよう！

Leçon 3

🎧 168

　Bonjour! Je m'appelle Guillaume. Je suis français. Je suis étudiant en sociologie. Je parle français, anglais et un peu japonais.

🎧 169

　Salut! Je m'appelle Maria. Je ne suis pas française. Je suis italienne. J'habite à Paris, et je suis pâtissière.

Leçon 6　🎧 170

　Léa adore la littérature. Elle a des romans comme *Les Misérables* et *Notre Dame de Paris*. Ce sont les livres de Victor Hugo. Ils sont en français.

Leçon 8　🎧 171

　J'ai une amie allemande. Elle est grande et elle a les cheveux blonds et les yeux bleus. Elle a un beau sourire*. Elle est très gentille avec moi. C'est une fille sportive ; elle aime le tennis, le basket-ball et la natation.
＊笑顔

Leçon 10　🎧 172

　Théo habite en France, mais il prend le petit déjeuner à la japonaise. Il mange du riz et du poisson et prend de la soupe de miso et du thé. Mais ses parents aiment le petit déjeuner français. Ils mangent du pain avec du beurre, du miel et de la confiture. Ils prennent du café au lait dans un bol.

Leçon 13 🎧

Douce nuit　　　　　　　　　　　　きよしこの夜

Douce nuit, sainte nuit !　　　　　　静かな夜　聖なる夜
Dans les cieux ! L'astre luit.　　　　天に星が輝き
Le mystère aujourd'hui s'accomplit　神の御業が今日成し遂げられる
Sur la paille cet enfant endormi,　　ワラの上で眠るその幼子
C'est l'amour infini !　　　　　　　その方はとこしえの愛
C'est l'amour infini !　　　　　　　その方はとこしえの愛

Sainte enfant, doux agneau !　　　　聖なる幼子　おとなしい子羊
Qu'il est grand ! Qu'il est beau !　　何と偉大で　何と美しい
Entendez résonner les pipes　　　　鳴り響く笛の音に耳をすまして
Des bergers conduisant leurs troupeaux　群れを導く羊飼いたちの
Vers son humble berceau !　　　　その慎ましやかなゆりかごへと
Vers son humble berceau !　　　　その慎ましやかなゆりかごへと

＊出典 Spotify « Douce nuit » の1番目と3番目

Leçon 14 🎧 [173]

Il pleure dans mon cœur

Il pleut doucement sur la ville,
(ARTHUR RIMBAUD.)

街に雨が降るように

街に静かに雨が降る
（アルチュール・ランボー）

Paul Verlaine

ポール・ヴェルレーヌ

Il pleure dans mon cœur
Comme il pleut sur la ville;
Quelle est cette langueur
Qui pénètre mon cœur?

街に雨が降るように
わたしの心には涙が降る。
心のうちにしのび入る
このわびしさは何だろう。

Ô bruit doux de la pluie
Par terre et sur les toits!
Pour un cœur qui s'ennuie
Ô le chant de la pluie!

地にも屋根の上にも軒並に
降りしきる雨の静かな音よ。
やるせない心にとっての
おお　なんという雨の歌！

Il pleure sans raison
Dans ce cœur qui s'écœure.
Quoi! nulle trahison?...
Ce deuil est sans raison.

いわれもなしに涙降る
くじけふさいだこの心。
なに、裏切りの一つもないと？……
ああ　この哀しみにはいわれがない。

C'est bien la pire peine
De ne savoir pourquoi
Sans amour et sans haine
Mon cœur a tant de peine!

なぜかと理由も知れぬとは
悩みのうちでも最悪のもの、
愛も憎しみもないままに
わたしの心は痛みに痛む！

Leçon 15 🎧 174

Paris at night

Jacques Prévert

Trois allumettes une à une allumées
dans la nuit
La première pour voir ton visage
tout entier
La seconde pour voir tes yeux
La dernière pour voir ta bouche
Et l'obscurité tout entière pour me
rappeler tout cela
En te serrant dans mes bras.

Paris at night

ジャック・プレヴェール

三本のマッチを一つずつ擦ってゆく夜の闇

一本目は君の顔全体を見るため

二本目は君の目を見るため
最後の一本は君の口を見るため
あとの暗がり全体はそれをそっくり思いだすため

君を抱きしめたまま。

Leçon 16 🎧 175

Aujourd'hui, il fait mauvais. Je vais aller au cinéma avec un ami. Mon ami John vient d'Australie. Il est étudiant en art dans une université française. Notre film commence à 19 heures 30. Avant le film, nous allons manger au restaurant. Il y a beaucoup de bons restaurants près du cinéma. Nous avons donc rendez-vous à 18 heures devant le cinéma.

Appendice	補 遺

▌疑問副詞

疑問副詞（場所をたずねる **où**「どこ」など）を使った疑問文も、**oui**「はい」**non**「いいえ」で答える疑問文と**文の仕組み**は同じです。※ Leçon 4 を参照

Vous habitez à Paris. の文で à Paris「パリに」という場所をたずねる場合…

à Paris を **où**「どこ（に）」という**疑問副詞**にして

(1) 肯定文の句点 (.) を疑問符 (?) にかえます。	Vous habitez **où** ?
(2) 文頭に**疑問副詞** + **est-ce que** をつけます。	**Où est-ce que** vous habitez ?
(3) 文頭に**疑問副詞**をつけた後、主語と動詞を倒置して 間にトレデュニオン（ハイフン）をつけます。	**Où habitez-vous** ?

疑問副詞

場所をたずねる場合	**où**	「どこ」
時をたずねる場合	**quand**	「いつ」
方法や様子をたずねる場合	**comment**	「どのように」「どんな風に」
理由をたずねる場合	**pourquoi**	「なぜ」 ※ **parce que**「なぜなら」で答えます。
数や量、値段をたずねる場合	**combien**	「いくつ、何人、いくら」

※ **combien de** + 名詞で「いくつの〜、何人の〜」

▌形容詞①

形容詞の性数一致には、原則以外のパターンがあります。※ Leçon 7 を参照

女性形の原則以外のパターン

語尾が -e	→	変化なし	jeune	→ jeune
語尾が -f	→	-ve	actif	→ active
語尾が -eux	→	-euse	sérieux	→ sérieuse
語尾の子音を重ねて -e			gentil	→ gentille

特殊な女性形：beau → belle, cool → cool（変化なし）など

複数形の原則以外のパターン ＊名詞の場合も同様

語尾が -s, -x, -z	→	変化なし	gros	→ gros	fils	→ fils
語尾が -eau, -eu	→	-eaux, -eux	beau	→ beaux	neveu	→ neveux
語尾が -al	→	-aux	génial	→ géniaux	animal	→ animaux

▌形容詞②

名詞の前につく形容詞の中には、母音や無音の h で始まる男性名詞の単数の前につく場合に形が変わるものがあります。また、その形を男性単数第二形と呼びます。※ Leçon 8 を参照

男性単数第二形

beau	→ bel	un **bel** agenda
vieux	→ vieil	un **vieil** homme
nouveau	→ nouvel	un **nouvel** ordinateur

数字 70-100

・70 から 100 までの数字を覚えましょう。

70	80	90
soixante-dix	quatre-vingts	quatre-vingt-dix
soixante et onze	quatre-vingt-un/une	quatre-vingt-onze
soixante-douze	quatre-vingt-deux	quatre-vingt-douze
soixante-treize	quatre-vingt-trois	quatre-vingt-treize
soixante-quatorze	quatre-vingt-quatre	quatre-vingt-quatorze
soixante-quinze	quatre-vingt-cinq	quatre-vingt-quinze
soixante-seize	quatre-vingt-six	quatre-vingt-seize
soixante-dix-sept	quatre-vingt-sept	quatre-vingt-dix-sept
soixante-dix-huit	quatre-vingt-huit	quatre-vingt-dix-huit
soixante-dix-neuf	quatre-vingt-neuf	quatre-vingt-dix-neuf

100
cent

・101 から 1000 までは

101	102...	200	201	202...	1000
cent un/une	cent deux...	deux cents	deux cent un/une	deux cent deux...	mille

国名およびその形容詞

【男性名詞の国】

ブラジル	le Brésil	brésilien(ne)
カナダ	le Canada	canadien(ne)
デンマーク	le Danemark	danois(e)
日本	le Japon	japonais(e)
イラン	l'Iran	iranien(ne)
ラオス	le Laos	laotien(ne)
モロッコ	le Maroc	marocain(e)
メキシコ	le Mexique	mexicain(e)
ネパール	le Népal	népalais(e)
ナイジェリア	le Nigeria	nigérian(ne)
ポルトガル	le Portugal	portugais(e)
セネガル	le Sénégal	sénégalais(e)
ベトナム	le Viêt Nam	vietnamien(ne)

【女性名詞の国】

ドイツ	l'Allemagne	allemand(e)
イギリス	l'Angleterre	anglais(e)
ベルギー	la Belgique	belge
中国	la Chine	chinois(e)
韓国	la Corée	coréen(ne)
スペイン	l'Espagne	espagnol(e)
フランス	la France	français(e)
イタリア	l'Italie	italien(ne)
インド	l'Inde	indien(ne)
インドネシア	l'Indonésie	indonésien(ne)
ロシア	la Russie	russe
スイス	la Suisse	suisse
タイ	la Thaïlande	thaïlandais(e)

【複数名詞の国】

アメリカ	les États-Unis	américain(e)
オランダ	les Pays-Bas	hollandais(e)
フィリピン	les Philippines	philippin(e)

【その他】

キューバ	Cuba
マルタ	Malte
台湾	Taïwan

【主要世界遺産】

モンサンミシェル	le Mont-Saint-Michel
パリのセーヌ河岸	les rives de la Seine
カルカソンヌの要塞	la ville fortifillée historique de Carcassonne

アヴィニヨン歴史地区
le centre historique d'Avignon

ランスのノートルダム大聖堂
la cathédrale Notre-Dame de Reims

よく使われる前置詞

【場所を表す前置詞】

- ☐ ～へ、～に、～で   à ～
- ☐ ～から   de ～
- ☐ ～に、～で   en ～
- ☐ ～の家に   chez ～
- ☐ ～のなかに、～になかで、～において   dans ～
- ☐ ～まで   jusqu'à ～
- ☐ ～に向けて   pour ～
- ☐ ～を通って   par ～
- ☐ ～から   depuis ～

【位置を表す前置詞】

- ☐ ～の上に   sur ～
- ☐ ～の下に   sous ～
- ☐ ～の前に   devant ～
- ☐ ～の後ろに   derrière ～
- ☐ （～の）正面に   en face (de ～)
- ☐ （～の）右に   à droite (de ～)
- ☐ （～の）左に   à gauche (de ～)
- ☐ （～の）そばに   à côté (de ～)
- ☐ （～から／～の）近くに   près (de ～)
- ☐ （～から）遠くに   loin (de ～)

【時を表す前置詞】

- ☐ ～の前に、～までに   avant ～
- ☐ ～の後で、～の後に   après ～
- ☐ ～後に   dans ～
- ☐ ～まで   jusqu'à ～
- ☐ ～から   depuis ～

【その他】

- ☐ ～の   de ～
- ☐ ～と一緒に、～を持って、～を着て   avec ～
- ☐ ～のために   pour ～
- ☐ ～によって   par ～
- ☐ ～なしに   sans ～

付録 1：フランス人の名前

　フランスでは長い間、子どもにつける名前は聖人やギリシャ神話の登場人物、歴史上の人物、外国や地方独特の名前などに限定されていました。つまり、すでに存在している名前のなかから選んで子どもに名付けていたのです。しかし 1993 年の法改正により、親が与えたい名前をつけていいことになりました。もちろん子どもの不利益になるような名前は却下される可能性はあります。

　こうして法改正以降、新しい名前が生み出されるようになりましたが、以下に最近の子どもの名前ランキングを紹介します（2020年）。

	男の子		女の子
1	Léo	1	Jade
2	Gabriel	2	Louise
3	Raphaël	3	Emma
4	Arthur	4	Alice
5	Louis	5	Ambre
6	Jules	6	Lina
7	Adam	7	Rose
8	Maël	8	Chloé
9	Lucas	9	Mia
10	Hugo	10	Léa

（出典 Outil interactif sur les prénoms (insee.fr)）

　法改正から 20 年以上経った現在でも、多くの親は伝統的な名前か、その一部を少し変えただけの名前を好んでいるようです。フランスには各日に聖人の命日が書かれた聖人カレンダーがあり、その聖人と同じ名前の人はその日に周りの人から祝ってもらえます。例えば 4 月 19 日は聖女 Emma の日ですから、Emma という名前の人は周りから「Bonne Fête, Emma !」と声をかけてもらえるのです。このような習慣が残っていることも伝統的な名前の人気が根強い理由のひとつかもしれません。

　ところで、フランスには英語の名前と同じ（またはほぼ同じ）つづりでもフランス語の発音のルールに従うため違う音になるものがあるので注意しましょう。

Vincent　　ビンセント　　［英］→　　ヴァンサン　　［仏］

Charles　　チャールズ　　［英］→　　シャルル　　　［仏］

Thomas　　トーマス　　　［英］→　　トマ　　　　　［仏］

Benjamin　ベンジャミン　［英］→　　バンジャマン　［仏］

Catharine　キャサリン　　［英］→　　Catherine カトリーヌ［仏］

Agatha　　アガサ　　　　［英］→　　Agathe　　アガト　　［仏］

付録２：聖人カレンダー

聖人カレンダー（聖人暦）は、キリスト教でそれぞれ日付に聖人を関連づけたカレンダーのことです。宗派によって異なることがありますが、子どもが生まれると誕生日にあたる聖人名を名前としてつけることがあります。

JANVIER		FÉVRIER		MARS		AVRIL		MAI		JUIN	
1	JOUR DE L'AN	1	Ella	1	Aubin	1	**Poisson d'avril**	1	**FÊTE DU TRAVAIL**	1	Justin
2	Basile	2	**Chandeleur**	2	Charles	2	Sandrine	2	Boris	2	Blandine
3	Geneviève	3	Blaise	3	Guénolé	3	Richard	3	Philippe et Jacques	3	Kévin
4	Odilon	4	Véronique	4	Casimir	4	Isidore	4	Sylvain	4	Clotilde
5	Édouard	5	Agathe	5	Olivia	5	Irène	5	Judith	5	Igor
6	**Épiphanie**	6	Gaston	6	Colette	6	Marcellin	6	Prudence	6	Norbert
7	Raymond	7	Eugénie	7	Félicité	7	Jean-Baptiste de la Salle	7	Gisèle	7	Gilbert
8	Peggy	8	Jacqueline	8	Jean de Dieu	8	Julie	8	**VICTOIRE 1945**	8	Médard
9	Alix	9	Apolline	9	Françoise	9	Gautier	9	Pacôme	9	Diane
10	Guillaume	10	Arnaud	10	Vivien	10	Fulbert	10	Solange	10	Landry
11	Paulin	11	Notre-Dame de Lourdes	11	Rosine	11	Stanislas	11	Estelle	11	Barnabé
12	Tatiana	12	Félix	12	Justine	12	Jules	12	Achille	12	Guy
13	Yvette	13	Béatrice	13	Rodrigue	13	Ida	13	Rolande	13	Antoine de Padoue
14	Nina	14	Valentin	14	Mathilde	14	Maxime	14	Matthias	14	Elisée
15	Rémi	15	Claude	15	Louise de Marillac	15	Paterne	15	Denise	15	Germaine
16	Marcel	16	Julienne	16	Bénédicte	16	Benoît-Joseph Labre	16	Honoré	16	Jean-François Régis
17	Roseline	17	Alexis	17	Patrice	17	Anicet	17	Pascal	17	Hervé
18	Prisca	18	Bernadette	18	Cyrille	18	Parfait	18	Eric	18	Léonce
19	Marius	19	Gabin	19	Joseph	19	Emma	19	Yves	19	Romuald
20	Sébastien	20	Aimée	20	Herbert	20	Odette	20	Bernardin	20	Silvère
21	Agnès	21	Pierre Damien	21	Clémence	21	Anselme	21	Constantin	21	Rodolphe
22	Vincent	22	Isabelle	22	Léa	22	Alexandre	22	Emile	22	Alban
23	Barnard	23	Lazare	23	Victorien	23	Georges	23	Didier	23	Audrey
24	François de Sales	24	Modeste	24	Catherine de Suède	24	Fidèle	24	Donatien	24	Jean-Baptiste
25	Conversion de Paul	25	Roméo	25	**Annonciation**	25	Marc	25	Sophie	25	Prosper
26	Paule	26	Nestor	26	Larissa	26	Alida	26	Bérenger	26	Anthelme
27	Angèle	27	Honorine	27	Habib	27	Zita	27	Augustin de Canterbury	27	Fernand
28	Thomas d'Aquin	28	Romain	28	Gontran	28	Valérie	28	Germain	28	Irénée
29	Gildas	29	Grégoire de Narek	29	Gwladys	29	Catherine de Sienne	29	Aymard	29	Pierre et Paul
30	Martine			30	Amédée	30	Robert	30	Ferdinand	30	Martial
31	Marcelle			31	Benjamin			31	**Visitation de la Vierge Marie**		

JUILLET		AOÛT		SEPTEMBRE		OCTOBRE		NOVEMBRE		DÉCEMBRE	
1	Thierry	1	Alphonse	1	Gilles	1	Thérèse de l'Enfant-Jésus	1	**TOUSSAINT**	1	Florence
2	Martinien	2	Julien	2	Ingrid	2	Léger	2	**Défunts**	2	Viviane
3	Thomas	3	Lydie	3	Grégoire	3	Gérard	3	Hubert	3	François Xavier
4	Florent	4	Jean-Marie Vianney	4	Rosalie	4	François d'Assise	4	Charles	4	Barbara
5	Antoine-Marie	5	Abel	5	Raïssa	5	Fleur	5	Sylvie	5	Gérald
6	Marietta	6	**Transfiguration**	6	Bertrand	6	Bruno	6	Bertille	6	Nicolas
7	Raoul	7	Gaétan	7	Reine	7	Serge	7	Carine	7	Ambroise
8	Thibaut	8	Dominique	8	**Nativité de la Vierge Marie**	8	Pélagie	8	Geoffroy	8	**Immaculée conception**
9	Amandine	9	Amour	9	Alain	9	Denis	9	Théodore	9	Pierre Fourier
10	Ulrich	10	Laurent	10	Inès	10	Ghislain	10	Léon	10	Romaric
11	Benoît	11	Claire	11	Adelphe	11	Firmin	11	**ARMISTICE 1918**	11	Daniel
12	Olivier	12	Clarisse	12	Apollinaire	12	Wilfried	12	Christian	12	Jeanne-Françoise de Chantal
13	Henri et Joël	13	Hippolyte	13	Aimé	13	Géraud	13	Brice	13	Lucie
14	**FÊTE NATIONALE**	14	Evrard	14	**Croix glorieuse**	14	Juste	14	Sidoine	14	Odile
15	Donald	15	**ASSOMPTION**	15	Roland	15	Thérèse d'Avila	15	Albert	15	Ninon
16	Notre-Dame de Mt Carmel	16	Armel	16	Edith	16	Edwige	16	Marguerite	16	Alice
17	Charlotte	17	Hyacinthe	17	Renaud	17	Baudoin	17	Elisabeth	17	Judicaël
18	Frédéric	18	Hélène	18	Nadège	18	Luc	18	Aude	18	Gatien
19	Arsène	19	Jean Eudes	19	Emilie	19	René	19	Tanguy	19	Urbain
20	Marina	20	Bernard	20	Davy	20	Adeline	20	Edmond	20	Théophile
21	Victor	21	Christophe	21	Mathieu	21	Céline	21	**Présentation de la Vierge Marie**	21	Pierre Canisius
22	Marie-Madeleine	22	Fabrice	22	Maurice	22	Salomé	22	Cécile	22	Françoise Xavière
23	Brigitte	23	Rose de Lima	23	Constant	23	Jean de Capistran	23	Clément	23	Armand
24	Christine	24	Barthélémy	24	Thècle	24	Florentin	24	Flora	24	Adèle
25	Jacques	25	Louis	25	Hermann	25	Crépin	25	Catherine	25	**NOËL**
26	Anne	26	Natacha	26	Côme et Damien	26	Dimitri	26	Delphine	26	Étienne
27	Nathalie	27	Monique	27	Vincent de Paul	27	Emeline	27	Séverin	27	Jean Apôtre
28	Samson	28	Augustin	28	Venceslas	28	Simon et Jude	28	Jacques de la Marche	28	**Innocents**
29	Marthe	29	Sabine	29	Michel	29	Narcisse	29	Saturnin	29	David
30	Juliette	30	Fiacre	30	Jérôme	30	Bienvenue	30	André	30	Roger
31	Ignace de Loyola	31	Aristide			31	Quentin			31	Sylvestre

付録３：ヘボン式ローマ字

日本語を書き表すために使用されるのは一般的にヘボン式ローマ字です。名前や住所を書くときなど、さまざまな場面で必要となりますので、しっかりと覚えましょう。

例：〒901-2701
沖縄県宜野湾市宜野湾２－６－１ ➡
鈴木　太郎

Taro SUZUKI
2-6-1 Ginowan, Ginowan-shi
Okinawa 901-2701
JAPON

※日本人の名前に慣れていない人を考慮して、名前と姓がすぐに区別できるように、姓は全て大文字で書くようにしましょう。

ヘボン式ローマ字表

ア行	a	i	u	e	o				
カ行	ka	ki	ku	ke	ko	（キャ）	kya	kyu	kyo
サ行	sa	shi	su	se	so	（シャ）	sha	shu	sho
タ行	ta	chi	tsu	te	to	（チャ）	cha	chu	cho
ナ行	na	ni	nu	ne	no	（ニャ）	nya	nyu	nyo
ハ行	ha	hi	fu	he	ho	（ヒャ）	hya	hyu	hyo
マ行	ma	mi	mu	me	mo	（ミャ）	mya	myu	myo
ヤ行	ya		yu		yo				
ラ行	ra	ri	ru	re	ro	（リャ）	rya	ryu	ryo
ワ行	wa		（ン）	n					
ガ行	ga	gi	gu	ge	go	（ギャ）	gya	gyu	gyo
ザ行	za	ji	zu	ze	zo	（ジャ）	ja	ju	jo
ダ行	da	ji	zu	de	do				
バ行	ba	bi	bu	be	bo	（ビャ）	bya	byu	byo
パ行	pa	pi	pu	pe	po	（ピャ）	pya	pyu	pyo

※長音は o または ô と表記します。太郎は Taro または Tarô。
※撥音 n が母音またはヤ行音の前にくる場合はアポストロフ記号を使います。純一は Jun'ichi。俊也は Shun'ya。
※促音は子音を重ねます。ただし、チ音だけは c を重ねずに t を加えます。別府は Beppu。湿地は Shitchi。

付録4：パソコンのフランス語入力設定

Windows10 の場合：

　パソコンのキーボードをフランス語に設定するには、「スタートボタン（左下のアイコン）」→「設定（歯車のアイコン）」→「時刻と言語」→「言語」→「優先する言語を追加する」の順にクリックします。「インストールする言語を選択してください」と表示されるので「フランス語（カナダ）[1]」を選択します。「次へ」→「インストール」の順にクリックすると 5 分ほどでインストールが完了し「言語パックをインストールしました」と表示され、フランス語入力用のキーボードが追加されます。[2]

　実際にフランス語入力に切り替えるには、タスクバー（画面下部分）の右側にあるキーボード切り替えアイコン（通常は［ J 日本語］）を［ FRA フランス語（カナダ）］に変更します。

[1]　「フランス語（フランス）」式のキーボードはアルファベットの配列が日本のものと大分異なっており、カナダ式の方が日本人にとって入力しやすい配列となっています。

[2]　使用するパソコンや Windows の仕様変更等により設定方法が異なる場合があります。

主要な文字及び記号の入力方法

文字	入力方法	記号	入力方法
à	]	=	^
â	@ に続けて a	@	Shift + 2
é	/	?	Shift + 6
è	:	&	Shift + 7
ê	@ に続けて e	*	Shift + 8
ë	Shift + @ に続けて e	'	Shift + ,
î	@ に続けて i	:	Shift + ;
ï	Shift + @ に続けて i	"	Shift + .
ù	右 Alt+ @ に続けて u	(	Shift + 9
û	@ に続けて u	)	Shift + 0
ü	Shift + @ に続けて u	[	右 Alt + 9
ô	@ に続けて o	]	右 Alt + 0
ç	[	«	右 Alt + z
œ	右 Ctrl + e	»	右 Alt + x
æ	右 Ctrl + a	€	右 Alt + e

MacOS の場合：

メニューバーのスクリプトアイコンより「U.S」または Command ボタン + スペースキーで「英文（欧文）」モードを選択する。次の入力方法を使用して簡単にアクサンを表示できます。

字及び入力方法	
é	option + e 続けて e
à	option + _ 続けて a
è	option + _ 続けて e
ù	option + _ 続けて u
â	option + i 続けて a
ê	option + i 続けて e
î	option + i 続けて i
ô	option + i 続けて o
û	option + i 続けて u
ç	option + c

※これ以外にフランス語のキーボードへ変更する方法などもあります。

スマートフォン / タブレットのフランス語入力設定

Android の場合：

Gboard を使用します。（標準で備わっていますがなければインストールします）

文字入力時に「設定ボタン（歯車のアイコン）」→「言語」→「キーボードを追加」をタップします。「フランス語（カナダ）」を選択し、好きなキーボードを選択し「完了」を押します。設定は以上です。フランス語入力への切り替えは文字入力時のキーボード上の言語切替ボタン（地球儀マーク、なければ言語名）をタップして変更します。アクサンを入れたい文字（例えば é と入力したい時は e）を長押しすることによって候補が表示されます。

iPhone（iPad）の場合：

「設定」→「一般」→「キーボード」→再度「キーボード」→「新しいキーボードの追加…」をタップします。

「フランス語（カナダ）」を選択しタップします。設定は以上です。

フランス語入力への切り替えは文字入力時のキーボード上の言語切替ボタン（地球儀マーク）をタップして変更します。アクサンを入れたい文字（例えば é と入力したい時は e）を長押しすることによって候補が表示されます。

※上記は一例であり、使用する機器や OS のバージョンによっては設定方法が異なる場合があります。

付録5：メールや手紙の書き方

　フランス語のメールや手紙の書き方には基本的な構成があります。そのことに注意しながらフランス語でメールや手紙を書いてみましょう。

例：クリスマスや新年のお祝いメールの書き方

① 件名は簡潔に表します。メリークリスマス！は Joyeux Noël !、あけましておめでとう！は Bonna année !

② 親しい人に宛てたメールでは、Cher / Chère ＋名前、Bonjour ＋名前で始めます。この部分は敬辞（呼びかけ）と呼ばれていて、メールを送る相手との関係によって書き方を使い分ける必要があります。フォーマルな関係の場合は、Monsieur / Madame を使います。

③ クリスマスや新年のお祝いの際に使われる決まり文句があります。君が楽しいクリスマスと素晴らしい年を過ごせるよう祈ってます！は Je te souhaite un joyeux Noël et une bonne année !、それが（20XX 年が）愛と幸運と健康に恵まれますように！は Qu'elle [= l'année 20XX] t'apporte amour, chance et santé !、20XX年のお幸せと健康を祈っています！は Je te présente tous mes meilleurs vœux de bonheur et de santé pour 20XX !。

④ メールの最後には結辞（最後の挨拶）を書きます。親しい人宛てのメールの場合は、Amicalement、Je t'embrasse、Cordialement などを使います。フォーマルな関係では、一般的に Veuillez agréer, Monsieur / Madame, l'expression de mes sentiments distingués. などを用います。

⑤ 署名します。

　　◆メール

①	Joyeux Noël
②	Chère Claire,
③	Bonjour, comment vas-tu ? Je te souhaite un joyeux Noël et une bonne année !
④	Amicalement,
⑤	Taro

※メールでは全て左詰にします

91

例：クリスマスや新年のお祝い手紙の書き方

　基本的な構成はメールの場合と同じです。ただし、手紙では、敬辞（呼びかけ）の前に場所と日付を書きます。その際、日付けは le ＋日＋月＋年の順で書きます。また、署名は手書きで行います。

◆手紙

> Okinawa, le 18 décembre 20XX
>
> ① 　　Chère Claire,
>
> ② 　　Bonjour, comment vas-tu ? Je te souhaite un joyeux Noël et une bonne année !
>
> 　　　　　　　　　　　　Amicalement,
>
> 　　　　　　　　　　　　Taro

例：封筒の書き方

封筒のおもて（受取人の名前と住所） ※フランスの住所表記

① 受取人の名前は名前・姓の順に書きます。また、名前の前には Monsieur（M.）、Madame（Mme）を付けます。

② 番地　　③ 通りや広場名　　④ 郵便番号　　⑤ 市町名　　⑥ 国名

封筒のうら（差出人の名前と住所） ※日本の住所表記

⑦ 差出人の名前　　⑧ 番地と字名　　⑨ 市区町村名　　⑩ 都道府県名　　⑪ 郵便番号　　⑫ 国名

◆封筒のおもて

> ① Madame Claire DURAND
> ② XX,　③ rue de l'Université
> ④ 75007　⑤ Paris
> ⑥ FRANCE　　　　PAR AVION

◆封筒のうら

> ⑦ Taro SUZUKI
> ⑧ 2-6-1 Ginowan,
> ⑨ Ginowan-shi
> ⑩ Okinawa　⑪ 901-2701
> ⑫ JAPON

※航空便の場合は、封筒のおもてに PAR AVION（赤字）と書きます。
※差出人の名前には Monsieur、Madame をつけません。

付録6：教育制度

フランスの教育制度を大まかに表すと以下のようになります。

高等教育	Université（大学）			
	Doctorat（博士） 3年間			
	Master（修士） 2年間	教員養成 大学院	Grandes Écoles （グランゼコール） 3年間	
	Licence（学士） 3年間		classes préparatoires （準備学級）2年間	Licence Professionnelle （職業学士）3年間
中等教育	Lycée（高校） 15才～　3年間			
	Collège（中学校） 11才～　4年間			
初等教育	École Primaire（小学校） 6才～　5年間			
	École Maternelle（幼稚園） 3才～　3年間			

学校生活

　義務教育は3才から16才までですが、飛び級や落第の制度があるため、16才でどの学年にいても義務教育を終えることはできます。飛び級や落第をするかどうかは、教師と生徒、保護者の3者面談で決めます。

　ほかに日本の学校と大きく異なるのは、フランスの学校には入学式や卒業式、運動会、学習発表会などの学校行事がないということです。制服や校歌もありません。さらに、部活動もありません。放課後にスポーツや音楽など習い事をしたい人は、市町村などが運営するスポーツクラブに参加するか個人で教室に通います。

生活リズム

　授業時間は、小学校では週24時間、中学校では26時間と決められています。小学校では2013年以降、週4日制（月・火・木・金）か週4.5日制（月・火・木・金プラス水か土の午前中）と決められているので、週4日制の学校では小学校1年生から1日6時間の授業があります。

高等教育

　高校での学習課程を終え、バカロレア（高校卒業資格）を取得すると、大学には基本的に試験なしで入ることができます。多くの大学は国立で、授業料は学士課程 170 ユーロ*で年間 2 万円台なので、日本より高等教育の機会均等が図られていることは言うまでもありません。

　一方、より高度な専門教育を提供するグランゼコールに入るには選抜試験に合格しなければなりません。そのために 2 年間の準備期間を必要とします。

＊学費は2021年度の金額

セ・パルティ！　さあ、フランス語をはじめよう！
― 2ème édition

2022年 6月30日　初刷発行
2025年 4月 1日　2刷発行

著　　者　上江洲律子

　　　　　宮里　厚子

　　　　　金城　　豪

発行・発売　トレフル出版

　　　　　〒240-0022 横浜市保土ヶ谷区西久保町 111

　　　　　TEL 045-332-7922

　　　　　FAX 045-332-7922

　　　　　https://www.trefle.press

デザイン/組版　XILO

イラスト　サード・大沼／小熊未央

編　　集　山田　仁

印刷製本　モリモト印刷株式会社

本書の無断複写（コピー）は著作権法上の例外を除き、禁じられております．乱丁・落丁はお取り替えいたします．
© TréFLE publishing 2024
Printed in Japan